5分钟
洞察人心

刘倬伦 著

INSIGHT INTO
HEART
IN 5 MINUTES

广东旅游出版社
GUANGDONG TRAVEL & TOURISM PRESS
悦读书·悦旅行·悦享人生

中国·广州

图书在版编目（CIP）数据

5 分钟洞察人心 / 刘倬伦著 . —广州：广东旅游出
版社，2019.4
ISBN 978-7-5570-1707-1

Ⅰ . ① 5… Ⅱ . ①刘… Ⅲ . ①心理交往—通俗读物
Ⅳ . ① C912.11-49

中国版本图书馆 CIP 数据核字（2019）第 018804 号

5 分钟洞察人心
Wufenzhong Dongcha Renxin

广东旅游出版社出版发行
（广州市环市东路 338 号银政大厦西楼 12 楼　　邮编：510180）
北京旭丰源印刷技术有限公司印刷
（地址：北京市大兴区采育镇东半壁店村委会 800 米）
广东旅游出版社图书网
www. tourpress. cn
邮购地址：广州市环市东路 338 号银政大厦西楼 12 楼
联系电话：020-87347732　　邮编：510180
880 毫米 ×1230 毫米　　32 开　　6.5 印张　　111 千字
2019 年 4 月第 1 版第 1 次印刷
定价：49.80 元

C O N T E N T S

目　录

I

目　录

C O N T E N T S

目　录

第五章

饭局识人：
5 分钟在饭局 / 酒局 / 茶局结交人脉

121

目 录

第七章
娱乐识人：
5 分钟在健身房 / 球场 / 旅途发展高级人脉　**167**

向上识人:
5分钟结交"职场贵人"

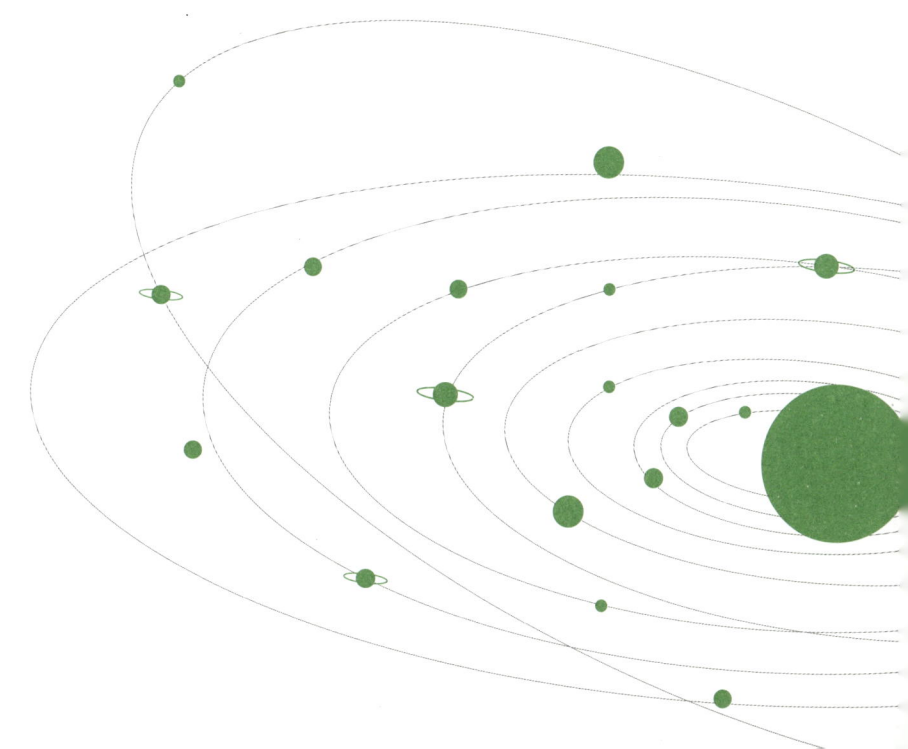

学会共情，赢得好感

遵循"同频吸引"的终极自然法则

　　漫漫人生里的美好相遇之一是遇到"贵人"，如果一个人能激活、放大你的自身优势，并给予你更多展示自己的机会，令你在成长之路上更进一步，成为更好的自己，那他就是你的"贵人"。

　　通常，我们的"贵人"就在自己身边，也许是你的领导，也许是你在一次偶然的聚会里遇到的某一个重要人物，甚至你也不曾意识到，那一刻的相遇竟会改变自己以后的人生。要知道，一个人周围的提携机会越少，他的发展速度就越慢。那么，如何让别人愿意帮助你，为你提供更多的资源和机会呢？最重要的一步就是让他人认可你、喜欢你。

世人总是惊叹沃丽丝·辛普森夫人是一个神奇的女人，她看起来既不漂亮，也不年轻，还离过两次婚，而英国国王爱德华八世却为她放弃了王位。如果用世俗的眼光分析，沃丽丝似乎配不上英明神武的国王，甚至还有人猜测她用邪恶的手段迷惑了国王，然而，真实的情况是怎么样的呢？

1930 年，还是亲王的爱德华和沃丽丝相遇了，两人的第一次交谈就触动了爱德华。

当时，爱德华问沃丽丝："你是美国人？那你一定很风趣，对不对？"

沃丽丝没有回答，而是用探询的语气反问："亲王殿下，您为什么会觉得美国人很风趣呢？"

沃丽丝的反问让爱德华很意外，他意识到沃丽丝对他的思考过程感兴趣，并邀请他进一步阐述自己的思想。

随着两人的进一步接触，爱德华发现沃丽丝总能引导他去反观自己的思考过程，她就像一面镜子，而爱德华能在镜子里看到自己的思维。在此之前，没人帮爱德华整理思维，他遇到什么事情，身边也没有一个可以商量的人。

爱德华真正爱上沃丽丝，是在他访问威尔士之后。当时，爱德华走访了威尔士的贫民窟，面对贫穷的人民，他感到羞愧难当，便发表了一句话："为了帮助高贵的人们摆脱如此不高贵的生活，一定要有所作为。"

在政府看来，未来的国王发表如此言论，就是干预施政。一时间，朝野各派集中火力，利用报刊大肆批评爱德华，纷纷指责他是社会党人，而爱德华的父母也认为他说话轻率，失了体统。只有沃丽丝很认真地向他了解情况，"当时是什么情景？""你有什么感觉？""你是怎么想的？"爱德华很感慨，沃丽丝是唯一关心他的思想和感受的人，而其他人只是评价他，并不想了解他。

1936 年 12 月，爱德华决定退位，他在演讲中解释退位的理由："如果没有我爱的女人在身边，我就无法担负国王最沉重的责任。"

没有沃丽丝，就当不了国王，民众认为那是不可理喻的。可是，于爱德华而言，那是事实。沃丽丝愿意倾听他，只有通过沃丽丝，爱德华才能整理好自己的思绪。离开沃丽丝，爱德华觉得自己就是一个傀儡国王。从爱情角度来说，两人的倾国之恋，也许是人类历史上的绝唱。

那么，沃丽丝夫人究竟是通过什么"魔术"让高贵的国王如此痴迷呢？其实，在沟通心理学上，类似的方法叫作"共情倾听"。

什么是共情倾听呢？它包括三个关键步骤：全神贯注、情绪同步、思维同步。

1. 全神贯注

如果你需要和某人沟通，共情倾听的要求是你要将全部注意力放在那个人身上，要注视着他，将大脑放空，保持情绪平静，不带任何预设立场和主观情绪，像一面干干净净的镜子一样，尝试着敞开心扉，向对方坦诚表达自己的情绪和思维。那时候，你就能得到巨大的肯定和信任，因为对方会觉得你喜欢他，而人们通常更喜欢喜欢自己的人。

2. 情绪同步

如果妈妈需要听孩子说话，她的情绪就要和孩子一起变化，要去感受孩子的心理。如果尚不会说话的小孩笑着吐出"哒哒哒"的声音，那么，妈妈的情绪同步就是也要笑着向孩子表达"哒哒哒"；如果孩子没有表现出情绪，妈妈就该去探询孩子的感受。情绪同步是一个管道，孩子也可以通过管道去感受妈妈的情绪。如果孩子能和妈妈做到情绪同步，就能将妈妈的情绪转化成自己的情绪。

3. 思维同步

很多成年人听别人说话时，总会产生一种下意识的习惯，就是不自觉地记起、倾诉自己的事情。毫无疑问，那是一个沟通的坏习惯，它会阻碍你和谈话对象的思维联结，而我要鼓励你跟着对方的思维去沟通、回顾他的思考过程。如果你的谈话对象的表述出现了思维跳跃，你也应该在第一时间探询对方的想法。思维同步也是一个管道，你能通过它学习别人的逻辑，也能获得别人分析、解决问题的方法，很有益处。

共情倾听是我们迅速获取一个领导或重要人物的信任的关键所在，实际上它蕴含着一个非常重要的自然法则，就是"同频吸引"。

现代量子力学表明，万事万物由能量组合而成，而能量是一种振动频率。每一种事物内部都存在属于自己的振动频率，所以万物众多而面貌不同。无论是桌子、椅子等具体有形的物体，还是思想、情绪等抽象无形的意识，皆由不同频率的能量组成。

面对一排音叉，如果我们随机敲响一个，音叉会发出清脆的高调乐声，不久后，另外的音叉也会发出同样高调的乐声，它们的声音会互相应和，产生共鸣，甚至越来越大声，也就是说，振动频率相同的事物，会互相吸引而引起共鸣。

我们的意念、思想也是存在能量的，脑电波也是一种频率，它们的振动自然也会影响另外的事物。简而言之，大脑是世界上最强的"磁铁"，它会发出比其他事物更强的吸力，会吸引和你的思维振动频率相同的事物，包括你喜欢的人、你渴望做的事。

如果我们明白了"同频吸引"的终极自然法则，就知道不同的人应该如何通过"建立同频感"获得领导人物的认可和重要人物的信任了。

因人而异，区别结交

任务导向型、关系导向型

社会心理学研究表明，职场领导总体分为两大类：一类是任务导向型，而另一类则是关系导向型。任务导向型领导，更关心工作任务的完成度；关系导向型领导，则主要关心员工的情绪和人际关系。

哪种特质更好呢？个人建议是看场合、公司的环境和需要。如果是一个小型的创业公司，工作环境、制度可能略混乱，那说一不二的任务型领导所取得的管理效果会更好；如果在一个庞大的集团里，公司业务已经稳定，就更需要关系型领导稳定军心，让大家在一个相对包容的环境里得到归属感和成长。

　　任务导向型领导又分为两种：一是独裁型领导，二是一板一眼的严肃型领导。

　　关系导向型领导也分为两种：一是亲和力很强的放任型领导，二是乐于征询的顾问型领导。

　　那么，如何识别并与四种类型的领导者结交呢？

任务导向型：独裁型 & 严肃型

　　如何识别"控制欲超强的独裁型领导"呢？我们可以从以下两个方法里选择。

　　第一个方法是好好观察、辨别领导的语言、行动，具体可以结合以下五个方面做出判断。

　　（1）声音属于破裂爆炸型或一般显得浑厚有力，不爱笑。

　　（2）一般会有急速走路及饮食的习惯，步伐很大，很潇洒。

　　（3）经常感到时间紧迫或喜欢谈结果、时间期限等。

　　（4）考虑问题很果断，很少在言语、行为上表现出迟缓和犹豫。

　　（5）不是很喜欢听你谈细节，如果你说得太多，他可能会习惯性皱眉或表现出不想听的动作。

第二个方法是通过星座媒介了解领导。我们不可能经常拿到领导或重要人物的心理测试结果，但是，或许我们可以了解到领导的生日或星座信息。要知道，星座显示的是一个人出生时的心灵基因，也就是一个人的性格气质、脾气秉性的天生因素。如果了解了星座信息，再配合观察，我们在识人、交人方面就会更全面。

一个人的控制欲就如同熊熊燃烧的火焰，气场强大，覆盖一切。在十二星座里，属于火元素的星座一共三个，分别是白羊座、狮子座和射手座，另外一个值得注意的，就是水中的火——天蝎座。如果以上四个星座的人担任领导，除了射手座领导的控制欲会略少一点外，另外三个星座的领导往往会通过控制进行管理，并以此获得安全感。

准确识别了"控制欲超强的独裁型领导"，下一个问题就是如何结交。追根溯源，我们需要明白人为什么会产生控制欲，因为每个人的生活需要存在感支撑，一些人会通过自己的内心肯定得到存在感，一些人则需要通过外界获取存在感，而控制欲比较强的人，一般属于后者。

一方面，控制欲强的人总是企图消除一切冲突，尽管经常适得其反。所谓冲突，看起来是两个人之间的冲突，实际上往往隐藏着控制者个人的内心冲突。正是控制者将自己不愿接受的一面投射于对方身上，冲突的双方才得以联系。如此一来，我们就能从心理学的层面看到一个控制者的企图，即试图消除自己内在不被接受的一面，同时让理想型的一面获得承认。

另一方面，一个人的控制欲之所以强烈，也可能源于某种不确定性或心灵创伤，比如我们经常无法控制或预防一些天灾人祸，就会感到自身的脆弱与无能，所以很多独裁型领导会产生一种心理，即没有人是靠谱的，除非自己能控制一切。

面对具有强烈控制欲的独裁型领导，如何达到"同频吸引"，从而得到信任和赏识呢？一个关键就是：要和他们一起行动，用"先跟后带的结果导向模式"赢得欣赏。

行动：一定要敢于和独裁型领导者进行双向沟通，如果怯于他们的气势而不敢说话，往往会被他们轻视。要敢于用合适的问题去挑战他们，同时，保持对权威的尊重。

语言：面对独裁型领导，尽量开门见山，直切主题，说话不要犹豫、吞吐或结巴，不要唠家常，否则他们会失去耐心。

相处：要表现出你重视结果和机会，但不拘泥于过程和形式，即抓大放小，不在细节处过度花费时间精力。

如何识别"一板一眼的严肃型领导"呢？依然是两个方法。

第一个方法是观察、辨别领导的语言、行动，具体可以结合五个方面做出判断：

（1）说话声音不大，速度慢且犹豫，经常分析和判断你的数据、逻辑；不爱笑，沟通时你经常感受不到他的情绪。

（2）走路时往往比较拘谨，如果被别人关注，会产生很不自在的感觉，甚至会脸红。

（3）很喜欢做计划、表格，并喜欢在完成项目之后打钩。

（4）非常理性，做决定比较慢。

（5）关注细节，没有什么蛛丝马迹能逃过他的眼睛，最不喜欢过于散漫、大意的人。

第二个方法是通过星座媒介做出判断。在十二星座里，行事一板一眼的人更倾向于沉稳的土象星座的人，他们如同大地，承载一切，务实且一丝不苟，同时又很坚硬，分别是金牛座、处女座和摩羯座。

独裁型领导倾向于控制和影响人，而严肃型领导更倾向于控制和计划事，两种任务型领导各有控制，只是各自控制的方向不同。

面对严肃型领导，如果我们要实现"同频吸引"，需要注意

的一个关键是采用"数据和逻辑导向的理性回应"。

　　行动：最好为每项任务做出数据和计划，让领导知道方案的优点和缺点，也明白你经过了周密的考虑；一定要尽量让他们看到实际的东西，哪怕是一张表格，一套 PPT 或一个物件，否则他们无法真的放心。

　　语言：土象星座的人很敏感，脸皮薄，过于情绪化的表达会让他们难以接受，如果采用情绪缓和而平静的沟通方式，用事实和数据说话，并拿出丝丝入扣的方案，他们就会信任你。

　　相处：一定要表现出整洁和谦逊感，不要运用太大幅度的动作或偏情绪型的字眼，否则他们可能会认为你的侵略性太强，反而不太愿意向你敞开心门。

关系导向型：放任型 & 顾问型

　　观察"放任型领导"，我们会发现他们的共同点是：

　　（1）说话声音不太大，情绪温和，很爱笑。

　　（2）走路自然舒服，个别人稍慢。

　　（3）不喜欢做决定，如果给他方案，他常会说出很多理由而不想做选择。

（4）老好人，不太会用激烈言辞去批评别人，总是充当调节者的角色。

（5）遇见比较凶的人或压力事件容易退缩或让步。

放任型领导给人的感觉更倾向于温柔的水，可塑性极强，很包容，类似于十二星座里的水象星座，分别是巨蟹座、天蝎座和双鱼座。三者之中，除天蝎座更有控制欲以外，巨蟹和双鱼两个星座的人更倾向于柔情和放任，在管理中也不例外。此外，放任型领导大多具有逃避心理。

一个人为什么会有逃避倾向呢？其实，不论什么星座的人无一不擅长逃避，因为我们脑中的"逃避指令"多于"思考指令"，而神奇的是，我们甚至很少意识到自己在逃避思考。

一天二十四小时，我们会经常查看无关紧要的短信、新闻、消息……为什么呢？为了逃避一些自己不愿面对的事情。

在生活里遇到了困难，我们会尽量说服自己没什么大不了、继续忙活别的事情或启动麻木机制，比如喝酒等。

我们喜欢拖延发票付款、交税、回复长邮件等烦琐的事，因为我们不愿意面对困难。

……

类似的例子太多了，只是我们很少关注，因为我们的注意力总会被别的事情吸引，而放任型的人更容易产生逃避和退缩倾向，他们的心理是：当我没办法的时候，我就不做了、不说了、不行动了。

当然了，如果遇到一个放任型领导，你可能会得到更多机会，获得更多话语权和发挥空间，也可能会特别累，因为领导不做决定的个性会导致你被迫承担很多额外的任务。

面对愿意相信部属能力的放任型领导，我们要记住一个非常重要的原则，就是坚持"明确界限的感性回应模式"。

行动：放任型领导是需要被推动的。如果他不愿意订立目标，你就和他一起讨论目标，最后拿出 A、B、C 方案给他选择；如果他还不想选，你就要更温和地说出自己的焦虑和担忧，主动表示关注，不过，千万不要太过着急和情绪化。

语言：如果你和领导的观点不同，最好从情感角度切入讨论，关心一下他的状态，等他感到更舒服的时候，再开始谈话，谈话时要注意共情倾听。作为领导，平常倾听居多，如果你能积极鼓励他说，并认真倾听，你就更容易获得他的信任。

相处：如果遇到放任型的温和领导，一定要让自己的整体风格和行动慢下来，尽量让自己的语调、动作、笑容和他保持一致的节奏，同时，又要表现出自己的决策力，长此以往，他就会更加信任你。

"顾问型领导"的识别，也可以从五个方面逐一确定：

（1）比较健谈，说话声音好听，情绪一般很积极欢快；

（2）走路自然舒服，一些人可能步速稍快，看起来很有节奏感；

（3）眼神很真诚，很喜欢提问，也喜欢认真听你说；

（4）你会觉得他是一个特别好交往且很有魅力的人；

（5）点子多，一些时候会比较善变。

放任型领导给人的感觉更倾向于一直在吹的风，风一吹，人的脑子就清醒了，而风也充当了大家交流的媒介。在十二星座里，水瓶座、双子座和天秤座是属于风元素的星座，风象星座的人是沟通和交流的高手，善于发现问题，也经常会为别人分析问题。如果你和风象星座的人在一起，很容易产生如沐春风的感觉。

面对乐于征询意见的顾问型领导，如果我们希望和他们"同频吸引"，从而得到信任和赏识，需要记住的原则就是采用"积极响应的亲和回应模式"。

行动： 面对向你发问的顾问型领导，一定要多表达自己的观点，不要犹豫，你说得越好，越真实，就越能得到赞美，因为于他而言，你的回应是一种积极的回馈，而他是很需要通过互动得到认同的人。

语言： 说话时一定要保持笑容，让自己随和大方一些，要对他们多加赞美，并经常性地表示支持。

行动： 如果你能协助顾问型领导处理一些他们不喜欢的琐事，就会更容易得到信赖。

运用心理学和占星学，我们会学习很多用人、识人、交人的技法，但是，识人无数再好，也不如你满怀真诚去对待一个人，以及你被一个人以诚相待的片刻。在一定程度上，沟通方法可以增加我们对身边每一个人的敏感度，也会让我们的工作和生活更和谐快乐，而无论在哪种境遇，真诚总是不会错的。

───── 延伸 ─────────────────────

如何与具有领导姿态的配偶 / 公婆 / 岳父母相处?

🪐

尊重、尊敬、沟通

　　心理学的原理是可以举一反三的，面对具有领导姿态的配偶、公婆或岳父母，只要遵循面对领导的"尊""敬"二字，即尊重、尊敬，就不容易出错或破坏关系。

　　作为近义词，"尊敬"和"尊重"的细小差别主要在于"敬"与"重"的区别，"尊敬"具有恭敬、敬仰的意思，而"尊重"具有重视和庄重的含意。一般而言，"尊敬"用于下级、小辈面对上级或长辈的语境中，而"尊重"多用于平辈之间，即面对配偶，学会尊重，面对长辈，学会尊敬。

　　配偶之间的亲密关系是最容易产生矛盾的。一开始，两人之间可能会存在一些若有若无的界限感，随着时间的流逝，彼此之间越来越熟悉，自然也越来越放松，那份尊重可能会流失在过于充足的安全感中，双方可能会彼此要求或束缚，甚至开始争

020　5分钟洞察人心

吵、冷战。此时，最重要的就是敏锐感知关系的变化、正确认识自己在关系中的角色，并冷静沟通或调整，重新建立、塑造彼此尊重的态度，关系就会得到缓和。

面对具有领导姿态的长辈，我们可以反思一下，面对领导，我们主要注意的是哪几个方面。

1. 自身形象与言行举止

自身形象包括着装、发型、个人卫生等方面，言行举止则包括说话节奏、站姿、坐姿，以及最基础的礼节。自身形象与言行举止是我们给领导的直观印象，领导常会通过这些判断一个人的工作严谨性。

2. 低调做事，尽量避免争功

领导喜欢个人能力强且低调的下属，只要通过了长时间的验证，你得到的发展机会就会大大增加。如果领导并不信任一个人，就不会向他表达太多个人的想法。另外，切记不要与领导争功。

3. 不需要鞍前马后，但适时做事是很有必要的

如果领导要会见朋友或客人，你可以主动倒好茶水，不但给了领导面子，还能表现出你做事伶俐，知道如何判断什么时候应该出手。

4. 按要求完成工作

如果领导交代了任务，不要过多追问理由，如果工作安排存在重大失误或其他问题，你可以私下给予适当的建议。

5. 忍辱负重

如果确实碰到了不好的领导，最好保持一种学习的态度。领导之所以能做到领导的位置，一定有个人的长处与能力，只要尽可能地抓住机会学习，不断提升自己，等到你在自己的职位得不到发展的时候，就可以选择合适的时机调部门或跳槽。

6. 了解领导的为人处世习惯

不同的领导行事风格不同，只有多加了解，才会更容易磨合、协作。

很大程度上，我们与领导的相处模式主要贯穿着"敬"的态度，甚至是一种"敬畏"，那么，在生活中，就可以以此为面对长辈的准则。此外，在生活中，我们还需要更多沟通，而关于沟通的部分，可以借鉴面对客户的沟通之道。

沟通失败的例子很多，个人认为，主要原因是不被客户接纳、了解或自己的产品、思想等没有影响力；而造成沟通障碍的心理原因则可能是语言态势弱，声音、表情或阅读技能不足，遣词造句不当，沟通对象缺乏兴趣，等等。如何高效且愉快地沟通呢？

　　首先，沟通时建立"信任"或"好感"的桥梁至关重要，面对客户，应该充分发挥沟通技巧，保持尊敬、友善的态度，更要让客户充分感觉到你为他付出的努力，从而达到双赢。其次，人的目光也是沟通的手段之一，我们初次见到一个陌生人，彼此进行目光交流的那一刻往往就决定了日后是敌是友，因此，目光的运用可以增强语言的说服力。再者，话随音转，人的声音是个性的表达，是一种内在的剖白，字句里藏着音调，音调里含有感情，说话的语气和声调也是能否得到理解与获得更好沟通的关键。最后，真正的沟通建立在彼此交流的基础上，如果交谈气氛良好，双方就会不由自主地表现出一些动作加以渲染，而认识肢体语言，也可以为彼此开辟一条畅通无阻的大道。总之，真正懂得用心聆听、用眼观察的人，才能掌握沟通技巧的真谛。

　　如果将工作中的那份"敬重"放在生活里，可以总结为：保持尊重、建立信任、完善自己、真诚以待。如此面对长辈，就可以平和地解决代沟等问题。以婆婆为例，做到以下几点，婆媳关系自然会比较融洽。

1. 主动示好

两个女人生活在同一个屋檐下，又以不同的方式爱着同一个男人，往往很容易产生矛盾，与其整天思考如何对付，不如主动示好，放下架子和不堪一击的尊严，保持晚辈的谦逊和敬重，和老人好好聊一聊，试着走进她的内心，去了解她、关爱她。示好的方式很多，可以主动下厨做一顿好吃的饭菜，也可以做做家务，或是给老人买一些漂亮、实用的礼物，只要愿意修复婆媳感情，花一些心思和时间，总会得到回报。

2. 多加陪伴

很多时候，信任是建立在陪伴基础上的，只要能将婆婆看作一个需要陪伴和照顾的老人，并从她的立场考虑问题，就会发现婆媳矛盾的根本原因。不管是性格不合，还是立场对立，或是彼此不够了解，只要迈出了探究原因的第一步，就已经取得了很大成功。职场识人、沟通的一些原理，比如心理星图、几大沟通术等，也可以作为了解婆婆、改善婆媳关系的利器。

3. 可尝试拉拢与之亲近的人，让他们为你说话

婆婆在家中的地位，一般是举足轻重、说一不二的，她的威严建立在大部分家庭成员的支持基础上，而且，早在儿媳嫁入之前，家庭格局就形成了，所以，要建立良好的婆媳关系，除了

注意自身的问题、多与婆婆沟通外，还可以尝试与她的女儿等人建立良好关系，为自己谋得一份支持。

4. 注意表达技巧

如果要和婆婆长久生活在一起，就更要注意时时保持敬重的态度，既要庄重地展现生活能力，又要表现出为人的亲和力，最好结合心理星图了解婆婆的需要，再以真诚之心逐一解决。

很多家庭矛盾的根源是缺乏沟通，只要你能在沟通、了解的基础上进行自我反省，很多问题就会迎刃而解。

复盘笔记

团队识人：
5分钟甄选协作模式

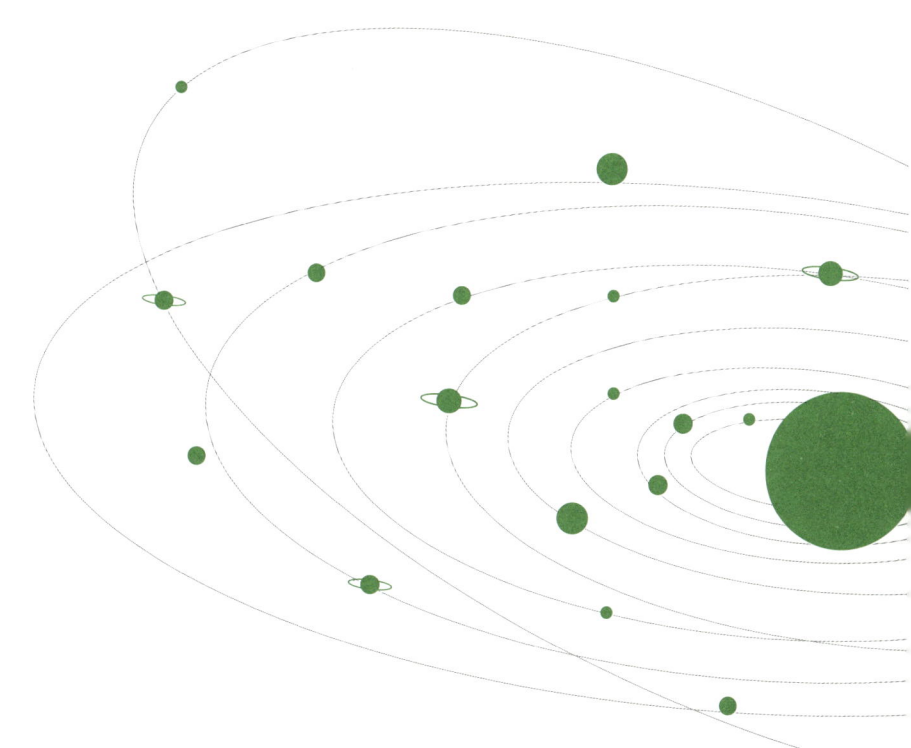

认识自己、理顺关系

利用心理星盘全面分析自我

　　所有合适的关系就如同拼图，正因为各个部件的长短、形状不一，大家才能配合得天衣无缝。在一份合作关系里，如果要协作别人，就要先掌控自己，我们首先要认识自己究竟是什么类型的人，要明白自己的需要、优势、恐惧，以及敏感点，只有足够了解、掌控自己，才能更好地完成合作。

　　你曾用什么方式分析过自己呢？是心理测评还是去问周围的人，或是去算命？迄今为止，心理测评应该是公认的认识自己的好方式。我们常说的九型人格、MBTI（迈尔斯布里格斯类型指标）等，就是认识、了解自我的好工具，可我在研究中发现，心理测评存在一个弊病，就是测试结果会受到测试者的一些主观影响，比如测试者是不是真正看懂了一道题、做题时回答的是自己的真实性格还是期望性格等。由于心理测评的很多因素是我们不能完全控制的，我常会加入另外一个工具——心理星图，即星座的一个具体呈现。

当代社会，很多人知道自己是什么星座，也明白星座和出生年月日彼此关联，在一定程度上，我们可以说星座是关于一个人的一条秘密线索，是客观且不可更改的，它或许比心理测评更不容易受到测试者的主观影响。

实际上，十二星座是十二种心理特质的套路式总结，它是一种符号化的心灵隐喻。每个人的性格里不止一个星座，应该是十二个星座，只是各个星座的占比不同，能量的强弱不同。

三千多年前，西方的统治阶级和贵族里就广泛流传着一个用人、识人、审时度势的秘密工具——占星术，它和我们今天所知道的星座关系密切，主要工具是一个外形如饼的圆形图，名叫星盘。星盘可以还原一个人出生的那一刻里，太阳系的所有星体，包括太阳、月亮、金星、天王星、海王星、冥王星等在天空的位置和关系。早在此前，聪明智慧的古希腊人就一直在研究天体运行和人的性格、行为、心理状态、未来潜能等方面的关联性，并不断进行统计和总结，因此，占星学也是一种信息庞大的统计学，一路发展到现在，它形成了一套非常完整的认识人的心灵优势和性格秘密的独特工具。

如何得到自己的星盘呢？你在星座系统中输入自己出生的具体时间和地点，就可以得到一个只属于自己的心理星图。如果你看到了自己的星盘，就会惊讶地发现，原来你不只是处女座、天秤座、射手座等，你的星盘里还有很多别的星座。其实，你是一个十二星座的综合体，每一个星座的特质可能在你的性格里或多或少地存在着。我们也需要打破一个关于星座的误会——十二星座只有十二种，如何概括几十亿人的性格？事实上，占星师们估算得知心理星图的形式在六十亿种以上。只要你看到了自己的个人心理星图，就会发现，各个维度的关联会让你和别人不一样。

心理星图是一个奇妙的发现，它可以为我们增加一个不错的识人、用人的工具，让我们更精准地定位自己、更深刻地认识别人。也许你看到自己的星图会觉得很复杂，甚至感到一头雾水，那也没关系，完整地认识心理星图的确需要一个过程，我们可以用一个简易的方法分析自己和别人的类型，即"星座元素能量识别法"。

每个人的性格里都会携带某种特殊的能量，我们可以称之为心理能量，它就如同一块大电池，每个人携带着属于自己的那一块，它是我们的生命力、活力和不同性格类型的来源。一些人观察敏锐、精确，一些人观察粗枝大叶；一些人思维灵活，一些人思考问题很深入；一些人情绪稳定、内向，一些人情绪易波动、外向；一些人办事果断，一些人优柔寡断；等等。它们无一不是我们的心理能量所呈现出的特质，也就是我们经过心理活动而表现出的稳定特点，它们造成了人和人之间在行为、能力、气质、性格等方面的不同。

心理学家发现，一个人的成功、财富、幸福和健康分别精确对应了某种心理能量，或许在一定程度上，一个人的心理能量才是决定他成功与否的关键。如果一个人可以全面了解自己的心理能量，就能认识到自己和别人不一样的优势密码。

根据不同星座的特质和它们所呈现的外在气质，十二星座被分成四大能量元素——火、风、水、土，每种元素包括三个星座。

火元素包括白羊座、狮子座和射手座。我们可以想象一下火的样子，它是激情四射、开创的，是主动行动和出击的能量。

风元素包括双子座、天秤座和水瓶座。我们知道吹风时往往会很冷，但风会让人清醒，它更偏向于思维引导，是主动表达和思考的能量。

水元素包括巨蟹座、天蝎座和双鱼座。水是柔软且充满温度的，由于个性柔软，就更容易被打扰，也更敏感，它是一种被动感受的能量。

土元素包括金牛座、处女座和摩羯座。土元素代表了我们脚下的地面，经常给人一种很稳定、踏实的感觉，不会轻易改变，而且，土元素很容易被看到和碰触，也属于被动的能量。

如果我们了解了星座的能量元素分类，就可以了解自己或别人的星座是属于什么元素的能量，自然就能简易、快速地了解自己和别人。当然，没有完美的元素，我们要意识到每种元素都存在优势和劣势。如果你希望更精准地确认自己属于什么元素，最好的方式是统计自己星盘里的所有星星所在的星座并分类，再进行计算；如果你希望更简单一点，那么记住自己的太阳星座的元素类型就可以了。

如果你侧重于土元素，最具优势的特质就是实际、按部就班。你的心理需求很务实，需要触摸到或看到的事实能得到证明和满足，你讨厌说大话、虚头巴脑的人，对那些拿不出实际证据却很能说的人充满戒备，因此，如果你遇到类似的人，可能会充满防备。务实而稳定是你的长处，不过，所有土元素特质强的人会有一个性格弱势，就是创造力不足，感情不够丰富，反映在人际相处里就是别人流露情感时，你不知道应该怎么回应和表达，很容易让别人误认为你冷血或没感情，并对你产生防御心理，从而形成距离感。

如果你的星盘里位于双子座、天秤座和水瓶座的星星较多，就说明你侧重风元素的类型，最核心的优势特质是聪明、反应快、善于交流、点子多。你可能会发现自己总是不知不觉就成了身边人的顾问和咨询师。大家遇到事情，喜欢找你出主意，那是你在人际交往中的一个优势，但是，你的心理需求过于集中在形而上的思想，容易做出策划，而落地执行时可能需要别人辅助才能完成。在一段合作关系中，除非你自己的定位就是做顾问、策划，否则，你需要关注的是自己能否留给别人一个思考太多而执行力不够甚至偷懒的印象，一定要及时反省并努力避免。

如果你更侧重水元素的类型，那核心优势就是直觉力强、情绪敏感，你有极强的细节洞察力，能表现出温柔、善解人意的态度，大家会因为你很会倾听又懂别人的情感而喜欢你。但是，一定要注意的是，水元素很敏感而被动，如果在关系里感受到压力，你的性格弱势就表现出来了，或许你会退缩并困住自己，不太容易主动出击或通过沟通解决问题，加之你很敏感，就更容易独自在暗地里捕风捉影、胡思乱想，将自己困在"别人不喜欢你、欺负你"的猜想当中。反映在团队和人际关系里，则很容易让别人觉得你情绪不稳定，进而小心翼翼，害怕你情绪化和敏感，不敢多和你接触。

　　如果你更侧重火元素的类型，你的核心优势是具有很强的行动力和开创力，你常常会产生一种"做什么也比没有行动强"的冲劲和利落，只要恰当运用天然的性格，就会很容易产生影响力，让别人信服你、追随你。两兵交战勇者胜，你的勇敢和能量总是让人心生崇拜，但是，火元素的劣势是很容易急躁、失去耐心。如果处于团队和人际关系中，最大的问题是你总会嫌弃别人的速度慢。你需要知道的是，很多时候别人没行动，并不是不行动，很可能只是在思考如何更缜密地行动。偏于火元素类型的人容易出现的问题是，狂奔出去之后，却发现方向错了，那是很危险的。我们知道，最可怕的不是走得慢，而是朝着错误的方向奔跑，南辕北辙，只会离自己要的越来越远。

现在赶快扫二维码进入星盘测试，得到你的心理星图吧。

迅速配对，确认伙伴

●

建立不同心理能量的“化学反应”

当我们更深入地了解了自己的优、劣势之后，就会知道合作时最需要注意什么，也更希望了解自己和什么样的人合作会比较适合，所以，识别合作关系的第二步是明确哪些类型的人容易配合、做出成果。

苹果公司的创始人史蒂夫 ⊠ 乔布斯是一个梦想改变世界的天才，在一定程度上，他也是一个自信、傲慢、性格暴躁、特立独行却笃信佛教的门徒。乔布斯在团队及公司里表现得像个“挑战者”，他坚守自己的观点，会将自己的需要放在首位；他不害怕冲突，甚至会主动制造冲突；他享受他人的追捧，喜欢成为人群的焦点。

乔布斯野心勃勃，对自己掌控的项目管得很严，又毫不犹豫地打压别人的项目，最终一步步走到了四面楚歌的地步，以致自己的商业教父马尔库拉、老战友沃兹也没有选择站在他的阵营。无奈之下，乔布斯选择离开"苹果"，更准确地说，是选择和"苹果"成为"敌人"。然而，一个如此遍身是刺、服从性和配合度极低的人，最终却打造了一个不可思议的商业帝国。

乔布斯的优秀不可忽视，我们需要思考的是，如果遇到和乔布斯类似的人，应该怎么办？如何更好地合作并完成工作？

乔布斯是偏于水元素的双鱼座，此外，他的心理星图中所含的火元素也特别多，因此，乔布斯既有水元素所特有的强烈敏感度和创新精神，又有火元素的强势行动力和不近人情的态度。两者的强烈冲突赋予了他极大的张力，不仅让他可以敏感地突破、创造，也令他承受了极大的情绪压力。

针对类似的人，什么元素的人和他合作更容易获得成果呢？答案是，偏于土元素的人会将"乔布斯们"不愿意想或很难顾及的事逐一做好周全完善的计划，更能一丝不苟地落地执行。"乔布斯们"强烈敏感的情绪会产生一种不稳定性，而"土元素们"会帮助敏感又急躁的他们稳定下来。如果我们要用事实作为证明，最具力量的证据就是协助乔布斯创立苹果商业帝国的首任CEO迈克尔·斯科特正属于土元素里的金牛座。

如果你是偏于火元素的人，又很希望自己的事情能从思想落到执行层面，那最好去寻找金牛座、摩羯座或处女座的人加以协助；如果你希望扩展自己的策略和思考维度，就和更偏风元素或水元素的人沟通，以防止自己采用过分独裁的方式工作。

如果你是更具有风元素的人，就会有很强的交流能力，也需要偏于土元素的人帮你执行，更需要火元素的人去推动你。此外，水元素的人可能会补充你的情感能量，不过，你或许不会喜欢他们的顾虑重重。

如果你是偏于水元素的人，最好和白羊座、狮子座、射手座等偏于火元素的人或金牛座、摩羯座、处女座等具有土元素特质的人一起工作，因为火元素可以推动你，而土元素可以帮助你执行。

如果你是更具有土元素的人，那你已经是执行的高手，不过，你的弱势在于你太容易困在计划和执行层面。所以，你可以和风元素、火元素的伙伴合作，一个为你看路，另一个给予你力量，进而得到大的发展和超越。

通常情况下，我们会更喜欢那些和自己的元素特质类似的人做朋友或合作，比如"火元素"更喜欢"风元素"，凑在一起刺激又烧脑，而"土元素"更容易欣赏"水元素"的"润物细无声"、被动又温柔。

　　如果是选择生活朋友，个人感受是第一位的；如果是在工作里共事或进行合作伙伴的选择，我们就必须思考得更全面一些，不能单纯地以自己的喜好为标准，更要全面考虑彼此的互补关系。只有彼此优势互补，才更容易办成大事。

定位情境，甄选模式

●

环境模式与性格模式匹配分析

　　人是生活在社会环境里的，而我们的工作环境可以简单分为创业公司和大公司，一旦环境发生变化，个人的能量匹配关系也要及时调整。如果希望一段合作取得成功，我们不仅要认识自己和合作伙伴，也要学会适应不同的环境，以及学会在不同环境里选择合适的合作伙伴。

　　每个人与生俱来的创业能量不同，所需要的搭档也不同。在十二星座里，创业能量的强弱顺序依次是火元素、土元素、风元素、水元素。

如果你是火元素较强的人，往往勇敢无畏，又有超强的行动力，会比较适合白手起家，但要注意不能急于求成。创业需要勇气和胆量，更需要忍耐和时间，你要试着和时间成为朋友，让自己更有耐心。在创业路上，侧重土元素的人是最能协助你的。

如果你是土元素较强的人，稳重踏实和超人的忍耐力会让你成为创业团队的一分子，不过，由于你对物质和现实的担心很多，一个人创业可能会经常让你觉得不安，所以你需要为自己寻求一个既有共同理念，又能鼓舞你、给你力量的合作伙伴，比如偏于水元素、火元素的人，他们在你的创业路上是至关重要的。

如果你是侧重于风元素的人，聪明和睿智会让你占尽市场的先机，但是，你的特点是变化太多，思想就像风一样自由，不算一个能吃苦的人。实际上，你最适合的位置是军师和顾问，如果要创业，最好和一个偏于火元素或土元素的人一起分担责任，以合作形式展开工作。

如果你是偏于水元素的人，你凭敏感和直觉会精准地判断趋势，但是，由于你整体上比较内向、柔和、纤细，如果遭遇硬石头，容易出现不安。创业时，务必保证背景资源良好，要作为一个资源整合者的形象出现，最好不要硬碰硬，除非你的合作伙伴是坚定的"火元素"或"土元素"。

　　不同于业务稳定的大公司，创业成功与否，在一定程度上是和速度关联的。在创业情境里选择伙伴，最重要的是明确什么元素的人能和你一起迅速整合资源、实现目标，而在业务稳定的大公司里，一般以稳定的流程和团队合作为基础，团队氛围或能力展现是最为重要的。一般情况下，在稳定的中型或大型公司里，土元素和水元素的人比较容易稳定生存，但也容易被火元素特质强的人抢占先机，只有积极行动才会让自己的努力得以显现。而侧重于火元素和风元素的人，天生就有很强的行动和自由意识，如果遇到土元素特质强的领导和同事，就要特别留心，不要让自己的超前行动和随心所欲给他们造成错觉，认为和你难以合作，从而产生防备和戒心。

　　除了学会在不同情境里寻找合适的搭档，我们也要学会建设团队。创业公司和大公司的发展需求不同，团队结构自然也是不同的。

　　从各个能量之间的关系分析，当人和人之间的元素相同时，彼此的价值观也会更倾向于一致。什么是价值观一致呢？简而言之，就是认为彼此的思想和行为是富有意义和实用性的，比如你是侧重土元素的人，你会更认同稳定、坚守、结果，那你组建团队的时候一定要记得 60% 的团队成员最好具有土元素特质，也就是金牛座、处女座或摩羯座应该居多。

　　创业早期，团队里的元素特质不同的人，往往会花更多时间确认一件事的价值和正确与否，为了更有效率地工作，要尽量减少理念和文化的内耗，所以最好寻求一些和自己（领导者）内在价值一致的人，而剩下的 40% 可以作为互补项或等时机成熟后再补充。

　　如果是稳定的大公司，就不需要以领导者特质为中心了，各个部门的领导只需要对所在部门的能量保持敏感。

　　以火元素为主的部门往往在一个企业里任前锋的位置，冲锋陷阵是最适合它的任务，比如销售、营销、培训、运营管理等岗位。此类岗位的特点是需要目标和挑战，尽量不限制自由，鼓励开创，当众表扬、嘉奖和赋予更多责任就是最大的激励。

　　以土元素为主的部门多位于企业守护者的位置，也是考验耐心和专注的岗位，比如技术、研发、财务、设计师、综合管理等，需要善于将目标明确的工作任务进行细化并执行到底，而努力工作并获得稳定的现金和实物就是最大的激励。

　　以风元素为主的部门更像一个军师或智囊，比较适合营销策划、外联关系、售后服务、社群管理或专业顾问等。此类岗位需要理性，也要求思维灵巧、八面玲珑，最重要的就是真实可信并得到充分认可。

以水元素为主的部门是一个企业的黏合剂和创新因子的集合，比较适合品牌创意部门、产品部门、客户服务、HR 管理或公关危机处理等岗位。此类部门需要一些天生敏感、善于洞悉人性，又对资源的调配和管理得心应手，能以温柔的方式化解复杂局面的人。如果希望得到此类岗位，你需要毫无保留地付出自己的情感，并给予一定的安全感。

每个人会对某种特定的元素更有觉知力，也就是说每个人会有自己更需要和呼唤的一种能量，比如土元素要稳定，风元素要交流，火元素要行动，而水元素更需要情感关怀。因此，如果你能在和任何人包括同事、团队成员、伙伴、客户甚至对手的交往过程里充分认识彼此的心理星图所呈现的元素，然后做到因人而异地满足对方，或许你就可以更轻松地驾驭所有复杂的关系，而不是在关系里措手不及，等到问题发生才被动处理。我们需要记得的是，一个人所代表的所有元素也代表着他与那份能量之间的和谐关系及感知方式。

一个企业是否伟大，并不取决于创始人到底赚了多少钱，关键在于他是否通过自己的事业让大家有了希望，是否在解决社会问题的同时切入了人间冷暖。只有关注世界上最微薄也最隐忍的那一部分，才会实现真正意义上的基业长青。一个人的价值也是如此，最重要的不是精明算计、会看透多少人，而是真正了解人性之后，学会理解和包容，从而让身边的人更和谐、温暖、充满力量，而策略识人、团队识人的终极目标和意义正在于此。

---- 延伸 ----------------------------------

如何与爱人 / 朋友形成有效协作?

◉

$$1+1=2;\ 1+1=1$$

　　从心理学角度分析,每个人在原生家庭中成长时,建立的第一份亲密关系是亲情。最初,亲情关系是在父母、长辈的主导下建立的,随着孩子的心理不断成长,双方的互动就会越来越多。亲情会给人最初的安全感,也满足了一个生命成长的需求,因此,亲情往往附有绝对性,也会使人形成依赖感。

　　当一个人成长到具有一定情感能力时,就会走出家庭,经营更多类型的情感关系,即友情、爱情,它们也有很多共同点,比如是个体在后天自主建立的情感关系、强调付出和回报对等、自由等,而两者的区别主要在于"可替代性"。

　　友情是一个开放的地带,一个人可以有很多朋友,所以,友情的可替代性很强,而安全性也更高。我们不能保证一段爱情无可撼动,一定会走向永远,但是,在某一个时间段内,象征爱情的人大多是不可替代的。同时，在爱情里，不同的人给予的感受是完全不同的，而友情给予的温暖和关心可能有亲疏之分，却没有性质之别。比之更开放的友情，爱情关系具有更高的相对性，且包含着一定危险性，因此，它不一定能给人足够的安全感，也不确定是否能保证人的感情需求，简而言之，友谊多是1+1=2，而爱情是1+1=1。友谊中的人是独立的个体，而爱情是两个人走向一体化的过程。只要明白两者的区别，就能更好地将"识人模型"分别应用在朋友、恋人关系的协作上。

很多时候，友情的"可替代性"不会让人在一段关系里吹毛求疵，因此，在心理占星学中，没有哪一种元素的人不可能成为你的好朋友，只要你知道他们的心理需求和内心的界限，理解每个人的性格特质和差异，就能在友情关系里如鱼得水，享受支持和温暖。具体而言，如何通过"识人模型"的"火、风、土、水"更好地达成协作呢？

火元素。火总是给人一种无法掌握的感觉，它不仅会灼伤你，也无法保存在容器里，如果你要和心灵元素为火的人做朋友，需要注意的是，限制太多就会让他们觉得不自在，而批判太多则会让他们失去活力，最重要的就是包容他们的自由和不羁，以及用语言鼓励、支持他们的行动，即"语言赞美＋快速反应"。

"火元素"的人最重要的特质是行动能力强，大多比较乐观，没有那么多忧虑、谨慎，作为朋友的你，只要不限制、不批评，一切好说。如果要和他们协作，最好的方式是一起订好目标，给他自由行动的空间，积极鼓励、观察他的任何行动并快速作出回应，友谊关系的建立就会省心又愉快。

风元素。 风也是不太容易被掌握的，如果失去了流通的空气，风就不复存在。风需要土的重量，否则会过于轻飘，也需要火的热力，进而加速、流动、升得更高。如果你要和心灵元素为风的人做朋友，最重要的就是包容他们"思考多，行动少；表达多，给予少"的问题。

你可以多向他们提出自己的困惑、问题，征求建议。通常，你会得到意外的惊喜，因为他们会耐心陪伴和倾听，并给出理智且适合的建议。理智的"风元素们"喜欢聪明而有趣的沟通，如果你总是情绪化或咄咄逼人，他们就不会愿意靠近你。

土元素。 土是可以被存贮的，它看起来稳定而坚强，也是孕育自然生物的基础，需要注意的是，它看似平和宁静，却自有一股强大的力量。如果你希望和心灵元素为土的人做朋友，就要理解他们对结果承诺、时间节点的焦虑和极度重视，以及对人和人的界限感的在意。如果你和"土元素"朋友约会，最好不要迟到，否则他们会觉得你不守信用，进而不愿意与你成为更亲近的朋友。如果和他们协作，最重要的是一起制订清楚的规则和标准，不要轻易改变或打破承诺，否则他们会觉得很没有安全感，并与你渐行渐远。

水元素。水也是可以被存贮的，它不仅可以浇灌、滋养生物，而且包容性和可塑性极强。因此，如果你要和心灵元素为水的人做朋友，要记住的一点是，他们需要情感的关怀和细腻的照顾。

水元素的人很容易被别人的情绪影响，经常忙于处理情绪，所以，你尽量不要过于大大咧咧，在行为或语言上粗暴冒犯，或不考虑他们的感受，只做你认为正确的事，否则很容易让敏感的他们觉得不舒服，一旦他们发作起来，就很难缠且固执。在协作中，一定要关注他们的主观感受，比如通过询问"你觉得我们的计划怎么样"等问题，表示你在意他们的心情和情感，他们就会很贴心地配合你。

友情的开放性很强，无论你是什么元素的人，只要自己觉得可以放下自我，先从朋友的喜好出发，就可以得到不错的回馈。爱情则不一样，它具有唯一性，可能会存在元素上的"异性相吸"，比如水元素遇见火元素，风元素遇见土元素，但是，从关系的长久性和紧密度分析，那是值得怀疑的，因为你的心灵元素代表了你最看重什么，两个完全不同的人所看重的事物也完全不同，久而久之，会很容易产生矛盾。

从 1+1=1 的爱情一体性分析，最和谐的能量组合是元素相同而星座不同，比如同为土元素，一人是金牛座而另一人是摩羯座；最不和谐的能量组合是元素完全对立，比如水元素和火元素，他们会在不同层面上互相消耗；最中性的能量组合是两人同为一个星座，可能会缺少富有刺激性的能量交换，不能持续为彼此提供情感燃料。

如果要全面分析，我还是建议从心理星图的角度判断，可以将你和爱人的太阳、月亮以及上升星座的元素和星座心理属性作为重点参考。

复盘笔记

会议识人：
5分钟看透"秀场"性格

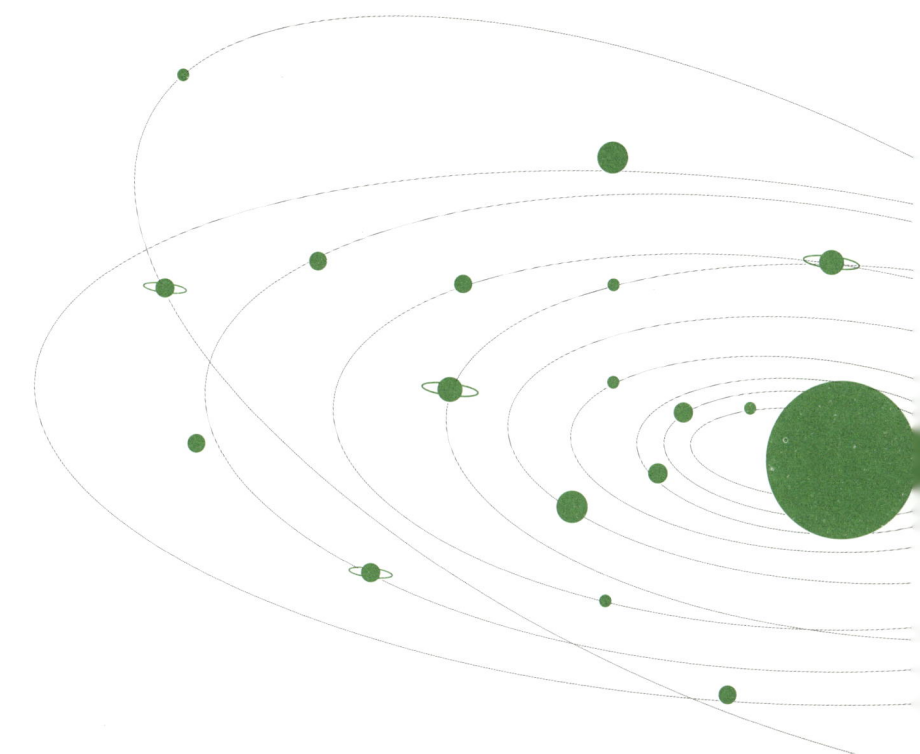

识别气氛，判断进退

●

语言信号 & 行为信号

经过长达十年的研究和预测，心理学家发现，夫妻关系里的行为模式分为三类：互相攻击、沉默寡言、开诚布公。互相攻击和沉默寡言模式的夫妻所对应的离婚预测准确率近于90%，而经过开诚布公的谈话后，婚姻不幸的比例降低了40%。尽管它是一个夫妻关系的例子，但也反映了人和人之间沟通、处理问题的三种基本模式。

工作领域里的密集沟通主要集中在会议场景里，而会议也因此成为一个重要的秀场，更是一个很好的察人、识人的具体场景。一个人是不是理性、如何面对争端、怎么处理问题等深层次的性格特质经常会被会议放大，进而成为职业发展的决定性因素。

细究我们经常面对的会议场景，就会发现会议经常陷入争执和沉默的状况，一个会议场景里，沉默的人越多，证明会议氛围营造得越糟，而积极参与的人多，就意味着整个会议的氛围营造得很好。

如果我们要营造良好的会议氛围，必不可少的一步就是识别在场每一个人的情绪，而要识别他人的情绪，第一步就是理解一个人的"傻瓜式选择"。

通过询问和调查，我发现很多人不喜欢或不敢进行直接沟通，因为大家担心直接沟通会让结果更糟。一些同事在工作上遇到困难会用邮件而不是面对面坦率交流，一些老板遇到需要纠正行为的下属会在微信留言而不是当面讨论，一些家庭里产生矛盾，很多人总喜欢改变话题而不是积极应对，更有甚者，离婚也是从微信里知道的。

逃避正面沟通，源于人的自我保护意识，也是一种心理选择，我们称之为"傻瓜式选择"，即人在面对压力时，出于天然的自我保护，或决定不理不睬，沉默应对，或采用语言暴力，发起攻击。很多时候，"傻瓜式选择" 也是会议过程中出现糟糕氛围的两种重要表现。

为什么人会产生 "傻瓜式选择" 呢？答案是天性如此。当一个人面对压力的时候，身体会释放肾上腺素，渐渐掌控人的意识，从而为所欲为。另一方面，"傻瓜式选择" 源于人的动物性，面对弱于自己的对象，会选择斗争和反抗，而面对强者时，就会选择逃跑。

会议活动要求各人当众发表自己的观点，将自己曝光在众人眼中，也属于高压力的情境。如果你理解了 "傻瓜式选择"，就会明白为什么一场会议或活动上到处是沉默者了，如果谁能打破沉默、袒露自己的观点，那你基本可以断定，他的心理能量、自信程度普遍高于其他沉默者。

会议过程中，我们往往会围绕某个主题进行讨论，为了达到更好的讨论效果，敏感地识别会议的情绪氛围是非常重要的，也是营造良好氛围的第二步。

通常，如果要观察一个人，就可以从他的语言和行为的信号入手，在会议、活动等特定场合也不例外，因为沉默和言语暴力等 "傻瓜式选择" 的气氛是具有明显信号的。

1. 语言信号

沉默的信号，就是不说话或不说重点，如果你发现一个人开始冷嘲热讽、似有保留地表达观点或故意调整话题，避开敏感部分，那就意味着会议的情绪出现问题了。

言语暴力的信号更为明显，比如一个人在会议中表达了明显的威胁、指责、攻击或强迫别人接受自己的观点等。

2. 行为信号

沉默的信号可能是转过身、不正面看人、低头、皱眉或索性离开。

语言暴力的人，可能会因为着急而脸红，眼睛瞪得很大，看起来很激动，声音明显抬高，等等。

所有语言和行为会向我们传递会议中某种情绪的信号，可能是悲伤、不屑一顾、愤怒、委屈等。不管你面对的是什么星座，参加的是什么会议，不管你的身份是领导还是下属，一旦观察到一些涉及语言、行为或任何情绪转变的信号时，就要意识到对话的气氛已经发生了变化，得在心里给自己敲个小钟，提醒自己考验人性的时刻到了。

识别的目的是更好地解决问题，通过一个人的应对方式，就能观察出一些重要能力和性格特质。

一个人的沟通技能高低。在承受压力和面对变化的时候，人是很感性甚至比较情绪化的，很容易做出"傻瓜式选择"，如果一个人能克服天性的影响，不受情绪氛围的控制，并尝试平静地表达自己的想法，至少说明那个人在沟通上是运用了方法且不怯场的。沟通的目的就是维护关系，达成结果，如果谁能在最具压力的情况下完成沟通目标，那一定是更富有自信力量的一个人。

一个人的理性指数。在会议或活动，以及任何具有压力、氛围不好的场景里，最容易看到人的理性指数。一个人能不能换位思考、是否有分寸感和是否能做计划并加以实施的能力，和他的理性指数息息相关。

一个人的性格特质。人的天然性格特质会造成不同的语言、行为和情绪处理的方式，如果从心理星图的角度看，一个人的风、土、水、火的能量不同，表达方式也会不同。如果理解了他的偏好，就不会误读他，还可以准确预测他在压力下可能会有的反应，再进行调整或通过沟通技巧进行改善。

识别他人，明确是非

·

高理性 = 换位思考指数 + 自我统合指数 + 事件预测指数

所谓理性指数，就是一个人的理性思维能力的高低。理性思维是人类思维的高级形式，包括观察、分析、判断、计划、统筹等，是人们探求、掌握客观事物的本质和规律的能力，也是判断一个人处理问题的能力高低，以及是否容易成功的重要指标。

如何判断一个人的理性指数高低呢？主要可以从以下三个方面入手。

1. 换位思考的能力

如果一个人很主观，往往就会以自我为中心，看不到事物的全貌，也看不到客观规律，就像寓言故事《盲人摸象》里的盲人一样。类似的人聚在一起工作，开会就是各执己见或鸡同鸭讲，做事更是各自为政，沟通成本会很高。

一个公司里，主观的人越多，团队就越混乱，也会渐渐失去发展的章法，日复一日，一旦过了临界点，局面就很难收拾了。主观的反面是客观。客观的人常会换位思考，能站在不同的立场去观察、分析事物。客观的人聚在一起，或许会产生一些冲突和讨论，但与此同时，收获也会渐渐增加。

客观是一种综合素质，包括一系列的行为和态度，比如换位思考、探索精神、思维开放等。经过深入研究，心理学家发现，很多客观的行为和态度存在一项共同的心理特质，即多元视角，它是客观思维和探索精神的内核，是一种基础性的特质，广泛存在于我们的日常行为中。

如何更好地识别和运用多元视角看待问题呢？可以看看下面的例子。

【对话一】

小明：妈妈，给我一百元钱，我去买书。

妈妈：为什么是一百元？买书要多少钱，坐车要多少钱，一百元是多了还是少了？

小明：我找爸爸要钱，他从来不问为什么。妈妈，为什么你每次要问得那么详细呢？

妈妈：你爸不问，是他信任你。我问你，是想知道你花钱有没有计划。一家人过日子，要有一个拿得起放得下的人，就像你爸，还要有一个精明人，我就很精明。下次找我要钱，你可以先告诉我为什么，要不然，我还会问你。

以上对话中，妈妈告诉小明，站在不同的立场上，爸爸妈妈的做法是合理的。小明妈妈看问题就是运用了多元视角，即合理性的多立场理解。

【对话二】

小伟：妈妈，给我一百元钱，我去买书。

妈妈：为什么是一百元？买书要多少钱，坐车要多少钱？

小伟：我找爸爸要钱，他从不问为什么。妈妈，为什么你每次都要问？

妈妈：你爸不问，是他不负责任。我不希望你和你爸一样没出息。我问得越详细，你收获越大，我在教你管钱呢，知道不？

小伟妈妈看待"花钱"就是封闭视角，她只看到了行为的对错，看不到行为的背景、立场和收益。

如果一个人总是用封闭视角看问题，就很难找到解决问题的有效办法。习惯封闭视角的人，最典型的特征是只会换位，不会思考，行为始终在同一个层面上打转，重复着"放羊、娶妻、生子、放羊"的轮回。

面对冲突，一个人的换位思考能力是他保持理性、平衡情绪的关键要素之一。如果一个人能以更开放和多元化的视角看待问题，就不会惧怕冲突，也能从冲突里看到现象背后的规律，从而达到认知升级，在一定程度上也保证了获得成功的可能性。

2. 自我统合的能力

如果你能尽量正确地回答"我是谁"，就能最大化地实现自我统合。每个人身上都集合了众多的身份，面对上级，我们是同事，是执行者兼参谋；面对下级，我们也是同事，是下令者兼教练。在众多身份中，同事是普遍身份，上司是同事身份中的特殊身份，我们要先成为好同事，再成为好上司，只有明确了身份排序，才能更好地适应工作环境。

理解自我身份的适用范围，用普遍身份来约束特殊身份，此类身份排序的能力就是自我统合，即客观身份秩序的主观再现。只有做好自我统合，做人做事才会更有分寸、有原则，才能进退自如。

众多商业领袖里，沃尔玛的创始人山姆·沃尔顿做人做事的分寸感很强。1979 年，沃尔玛的运输部新来了一位大力整顿部门风气的主管，原则上是如果司机上班喝酒、送货迟到，一律开除。运输部的一个老司机是沃尔顿的朋友，由于表现不好，被主管开除了。老司机丢了工作，就去沃尔顿那里告状，说主管乱管事。

沃尔顿没有听信老司机的话，而是找到运输部的主管，请主管帮忙给朋友安排一份工作，既然老板发了话，主管就通知老司机回来上班了。没多久，老司机又因为表现不好被开除。于是，老司机又找沃尔顿告状，沃尔顿又请主管帮忙，他的朋友又回运输部上班了。如此反复，直到第四次被开除，那位老司机才另找工作，不再麻烦沃尔顿。

整个事件中，沃尔顿依次坚持了三条原则：作为职业者，他遵守职业规则；作为朋友，他为朋友介绍工作；作为上级，他没有越级干涉下属的工作。事后，沃尔顿出面请客，召集运输部主管和被开除的司机吃饭，从而让两人明白，工作归工作，朋友归朋友，大家不做同事还能做朋友。

不管是生活还是工作，沃尔顿一直很有分寸，更为难得的是，他将自己的分寸感上升为企业文化。在沃尔玛的文化中，第一原则是做人，即尊重他人，企业内部的下级称呼上级是直呼其名，以示平等。此外，沃尔玛还明确规定，不准将员工叫作"员工"，而要称呼"同事"，以示尊重。沃尔玛的第二原则是做自己，要求勤俭务实。第三原则是做事，要求持续精进、追求卓越。第四原则是做同事，要求彼此欣赏、互相鼓励。第五原则是当领导，要求以身作则，成为教练和公仆。我们可以发现，以上五个原则，从普遍到特殊，排列的顺序很清晰。

一个人的自我统合能力越强，分寸感也就越强，就越不容易犯大错，和他们交往也比较安全、舒服。如果你发现一个人在会议或活动中经常表现得不贴合自己的身份，既不能很好地认识和掌握自己的角色，也没有展现出应有的品格和行为，比如理性、自控、具有独立见解等，而是任由自己情绪化、没礼貌，那你就可以做出基本的判断，即他是一个分寸感比较弱、自我统合能力不强的人，类似的人在认知里略有缺失，必然会出现非理性的行为，就不太适合长久合作。

3. "前摄行为"

同一个世界上，为什么一些人贫穷而一些人富有呢？为了消灭贫穷，心理学家进行了五十年的专题研究，最终发现了贫富之间的鸿沟，出乎意料的是，贫富鸿沟并不是资金，也不是知识，而是时间。如果一个人不能针对三十天以后的具体事件做出行为上的安排，就很有可能会变得贫穷。如果要用心理学的术语解释，贫穷的根源是缺少一种心理能力，即前摄行为。

在我们的常识里，预测三十天之后的趋势是正常人的能力，那为什么还会有穷人呢？因为心理学的前摄行为并不是趋势预测，而是事件预测。如果能提前三十天预见到一个事件，并针对事件做出安排，才是前摄行为。

如何区分事件预测和趋势预测呢？我们简单分析一下以下两个例子。

【案例一】事件预测

销售部的张经理给新同事做培训时说："客户一直在那里，我们不用主动去找他们。如果客户的采购量小，产品要定制，预算又有限，他们很难找到供应商，但你能解决他们的问题，他们就会主动请你吃饭。为什么你能解决他们的问题呢？因为你对原料、配件、工艺、研发很了解，同时，你还了解客户的问题。"

之后，张经理要求新同事先去采购部工作一个月，了解原料和配件；再去生产部一个月，了解工艺；然后去技术部一个月，了解研发；再用三个月和老同事一起拜访客户，了解客户的问题。六个月之后，新同事就可以开始独立工作。

案例中，张经理对销售工作的预测是基于具体事件的，也就是前摄行为。如此一来，销售状态大多是从容不迫、水到渠成的。

【案例二】趋势预测

销售部的王经理给新员工做培训时，经常和新员工一起做操、唱歌、喊口号，又给新员工训话。他说："早起的鸟儿有虫吃，销售量等于拜访量。只要大家勤奋努力，每天付出多一点，三年之内，买车买房不是梦。"

之后，王经理让每个新员工制定目标计划书，他告诉新员工："胆子要大，要敢想，今年买车，明年买房，后年开公司，大后年上市。"

案例中，王经理对销售工作的预测是基于总体的趋势预测，只能形成应对趋势的情绪，没有应对事件的行为。为了改变销售人员的情绪，王经理需要天天带领员工"喝鸡汤""打鸡血"，但销售的状态往往是风风火火、广种薄收。

简而言之，预测事件的公司是沉着冷静、从容不迫的公司，预测趋势的公司是轰轰烈烈、大干快上的公司。

在会议和活动过程里，最能看到一个人是不是具有"前摄行为"，小到一个人，大到一个公司，只能说，一些模糊和正确的话还是能够逻辑清楚地梳理出具体的事件以供实现目标，两者之间的区别非常重要。通过"前摄行为"，我们可以预测出发展轨迹、成功的可能性或能否委以重任。

一个人的理性指数越高，办事能力、可靠性和成功可能性也越高。如果要和一个人交朋友、合作或交往，除了要看他的背景、经验和学识，最重要的就是对"理性指数"的判定。

主动改善，营造安全氛围

●

四种风格、两个方法

很多时候，我们学习了不少沟通技巧，却依然会在会议沟通中出现问题，主要是因为人与人的说话模式和思维模式不同，而差异化的表达很容易造成理解上的误会，此外，性格和表达模式所造成的问题也可能会在高压之下爆发。所以，为了更好地工作，最好在会议识人的同时也综合考虑每个人的性格元素。

"火元素们" 的想法和表达方式比较简单、直接，他们注重目标和结果，只想迅速完成任务，更希望大家迅速表态，并支持自己的想法。

"水元素们" 比较细腻敏感，往往会先表达自己的感受，且具有更多的危机意识，会考虑更多风险。如果在会议中遭到反驳，会产生被攻击的不安全感，进而将表达观点转为宣泄情绪，可能会以指责他人作为防卫。

"**风元素们**"往往观点平衡，关注趋势，喜欢理性分析，注重创新且大多擅长沟通。遇到冲突，他们往往会选择静观其变，稍作调和。

"**土元素们**"注重稳定，观点保守，关注成本，注重任务而不注重心情，不会过分在意冲突，自身比较被动，也常逃避矛盾。

很多时候，会议、活动里的冲突多是人与人的表达模式不同产生的矛盾，如果我们更了解自己和他人思考、表达的方式，就能有效避免很多冲突，也达到了识人的重要目的。

在沟通过程中，我们最担心的是产生冲突，甚至怕伤害对方，而职场里的很多问题又是最需要勇敢表达的。如何在不破坏关系、不伤害对方的前提下更自信、果敢、开诚布公地表达自己的观点，从而解决困境和难题呢？建立安全的沟通氛围就显得很重要。

1. 谈话双方具有共同目标

如果你说的话让对方感到你们在朝着同一个方向努力，并发现你正在关心他的目标、利益和价值时，则为安全。如果双方产生分歧或沟通存在潜在问题，我们该如何识别呢？最重要的是明白沟通出现问题的关键信号是什么。如果发生争执或一个人开始强迫我们接受他的观点，往往是因为他希望战胜我们，个中意识主要包括自我防御、绵里藏针、无端指责和老调重弹。此时，你需要在心里问自己两个问题以达到自省并调整沟通的目的，一是对方觉得我是否关注他的目的，二是对方是否信任我的动机。

2. 谈话双方要彼此尊重

如果人们感到不被尊重，心里的安全感就会马上消失。尊重感就像空气，当它存在时，没人会在意，可如果失去了它，大家就会感到不舒服。如何识别尊重感缺失的信号呢？其实，情绪变化就是一个很重要的线索，比如从恐惧变得愤怒或生闷气、骂骂咧咧、大声咆哮、言语威胁、哭泣等。此时，你需要问自己的问题是"对方觉得我是否尊重他"，以及"我是否能尊重不尊重我的人"。

此外，我们需要知道的是，如果一段沟通丧失了尊重，最重要的原因往往是我们认为双方是完全不同的两种人。如果我们能将对方看作和自己一样的人，从最基本的人性出发，那种不适感就会消失，比如一个公司里的两个部门之间产生了矛盾，往往是因为各自的角色要求不同，如果我们往更大的目的看，两个部门都是为了公司的发展考虑，只要双方不再去质疑对方的本心，尊重就会自然而然地产生了。

───── 延伸 ─────────────────────────────

如何通过公众活动重新认识家人

●

橱窗分析法、安全感、影响力

研究发现，人类具有很大潜能，如果一个人能发挥一半的大脑功能，将轻易学会四十种语言、背完整套百科全书、拿到十二个博士学位，而我们平常只是利用、发挥了极少一部分大脑功能。著名心理学家赫伯特·奥托指出，一个人一生所发挥的能力，只占他全部能力的 4%，而另外 96% 的能力从未被开发。所以，从多个角度了解、认识一个人，不只是针对自己的活动，更是促进人与人之间的理解，以及更好地经营关系的重要方法，同时，还能帮助我们和亲近的人得到更大的成功和提升。

心理学里还有一个著名的认识自我的方法——"橱窗分析法"，它是一种借助直角坐标系的不同象限反映人的不同部分的分析方法，以别人知道或不知道的部分为横坐标，以自己知道或不知道的部分为纵坐标，主要分为四种类型。

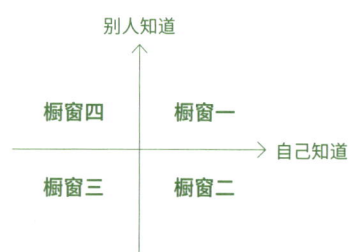

橱窗一：自己知道，别人也知道，被称为"公开我"，属于个人展现在外、无所隐藏的部分。

橱窗二：自己知道，别人不知道，被称为"隐私我"，属于个人的私有秘密部分。

橱窗三：自己不知道，别人也不知道的，被称为"潜在我"，是待开发的部分。

橱窗四：自己不知道，别人知道，被称为"背脊我"，犹如一个人的背部，自己看不到，别人却看得很清楚。

公众活动会让你对自己的爱人、孩子等的"公开我"了解得更全面，而产生更多了解他们的"潜在我"的灵感，是一个新鲜而又实用的重新理解和连结你与家人的更好途径。

我们需要在公众活动中重新认识和观察家人的哪些部分呢？

1. 重新认识他们的安全感

一个人的安全感强弱往往会影响生活中最重要、最亲密的关系，而建立安全感的重要根源就是我们在孩童时期所形成的依恋关系。20 世纪 60 年代，英国心理学家约翰·鲍比发现，哺乳动物的幼崽自身没有存活能力，而那些成功获得父母关注的幼崽则比较容易获得被照顾的机会，最终存活，所以，幼崽会通过哭泣、尖叫、纠缠等方式拒绝和父母的分离，人类也是如此。婴儿对其主要照料者（一般为父母）的依赖会以不同的模式表现出来，而"害怕与父母分离、害怕被父母抛弃"是进化造成的人类天性。

实际上，你与家人的关系属于依恋关系，而通过公众活动可以更全面、完整地观察一个人的安全模式和依恋关系模式。如果依恋关系没有被理解或处理好，就会造成你和爱人、孩子间的关系障碍，比如一些人在亲密关系里会没有安全感，经常忧虑自己的伴侣并不真爱自己，既想与伴侣保持亲密关系，又害怕吓跑人家；另外一些人却不太喜欢靠得太近，如果与别人太过亲密就会很紧张，因此很难真正依赖一个人。无论是大人还是孩子，如果一个渴望亲密的人和一个存在亲密障碍心理的人在一起，就会出现很多冲突和问题。

成年人一般会有四种依恋类型，由两个维度区分，主要是"回避亲密"与"焦虑被弃"。"回避亲密"程度高的人，与人亲密时会感到不舒服，而程度低的人则会在亲密关系中感到轻松；
"焦虑被弃"程度高的人，会经常害怕他人离开自己、没有给自
己足够的注意力，而程度低的人则不会担心。

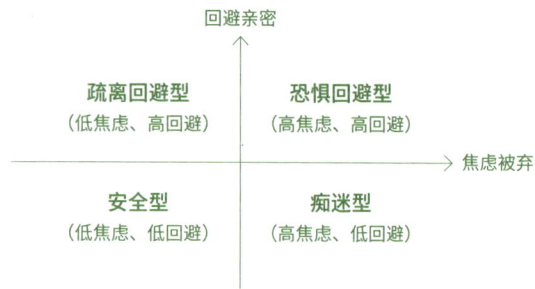

通过公众场合重新认识你的爱人或孩子的安全感时，可以
从以下四个方向观察。

（1）安全型：低焦虑、低回避的人，在公众场合更喜欢与
别人交往，也更容易发展出信任关系。

（2）痴迷型：高焦虑、低回避的人，在公众场合似乎会迅
速拉近自己和别人的距离，继而渴望亲密。然而，你也会发现他
们常对新建立的关系充满担心。

（3）疏离回避型：低焦虑、高回避的人，在公众场合似乎
不想也不屑和别人交往，因为他们感到和别人在一起是不舒服
的，很难信任和依赖他人。

（4）恐惧回避型：高焦虑、高回避的人，在公众场合会有亲近别人的意愿，也许你会看到他们期望别人和自己主动交谈的神色，但是，如果别人真的和他们交谈，他们还是会无所适从。

实际上，人们在公众场合的表现也会间接反映在私下的关系里。你可以对比一个人在公众场合的安全感与私下的状态，了解他在不同场合表现的依恋类型的异同。如果你读懂了一个人的焦虑、回避，即了解了他的心理安全感，就会更清晰地知道该如何从建立安全感的角度帮助他调整或重塑依恋关系。

2. 重新认识他们的影响力类型

心理学里的一种效应叫聚光灯效应，主要是指我们会不经意地将自己的问题放到无限大，以为自己在公众面前出丑时总会被人家注意到，实则不然，或许当时别人会注意到，但事后很快就会忘了，没人会像你自己那样关注你。

聚光灯效应会造成每一个人在公众活动时过于重视和在乎个人形象，而一个人越在乎自己的形象，心理就会越紧张，所展现出的肢体语言和身体姿态就越倾向于真实，因为身体是不会说谎的。

我们可以通过观察家人在公众活动里的肢体语言和姿态，判断他的影响力高低。一般而言，影响力高、地位高的人通常会采取开放姿态，身体的左右两侧往往会呈现出不同的样子，而地位较低的人会采取封闭、对称的姿势，整体比较紧凑。

观察家人在公共场合的影响力，可以帮助你反思你们的私下关系是否良好，你是否曾过度压抑或不信任他，通过了解家人的影响力，你也许会对最亲密的人另眼相看。

日常生活中，我们会有很多机会重新认识自己最亲密的爱人、家人，或许是一句话、一个眼神或一件小事。只要不被自己的偏见影响，或许你身边的那个人比你想象的更优秀或更需要你的理解和疼爱。

复盘笔记

沟通识人：
5 分钟说服对方，赢得称赞

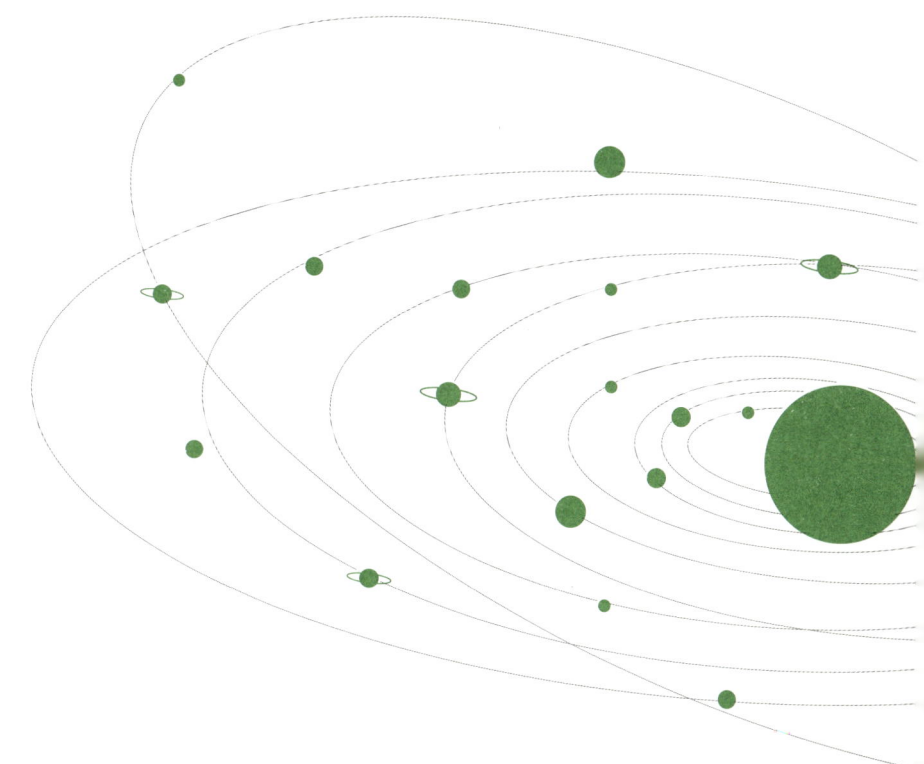

　　日常工作或生活中，我们会遇到很多需要说服、影响别人的场景，每当此时，最重要的就是取得沟通对象的信任。其实，信任并不只是通过表达建立的，更多的是通过潜意识的沟通积累起来的。通常，我们会通过一个人的语言之外的部分，比如态度、容貌、体态、行为细节看似微不足道却十分重要的信息确定自己要不要信任他。

　　如果我们需要和别人合作或需要销售和传播自己的产品与观点时，就进入了一个说服的沟通场景，要想愉快、高效地达到目的，就要对自己的沟通对象进行评估或分类。

　　不管我们遇到什么领域的潜在客户或需要沟通的对象，尽可以将他们分成火元素、风元素、水元素和土元素四种心理能量的类型。总体上，火元素是行动型，风元素是思考型，水元素是情感型，而土元素是实际型。如果我们预先明确了自己要说服的对象是什么星座，就可以简单、快速地进行判断、分类，并初步制定应对方案。如果我们无法预先得知对方的星座，则可以通过一些简单的言行细节进行判断并分类。

"火元素"攻略

简明扼要、重视品牌、开阔视野

白羊座

受到火元素的开创和行动的影响，谈判者是白羊座的一般会有以下三个特点：一是很主动，沟通具有侵略性；二是富有激情；三是他们往往会要求或促使你迅速做出决定并行动。

如果我们不知道对方的星座，就要注意观察对方的状态。通常，如果他是谈话的推动者和结果的促成者，你可以从以下十个方面观察并不断向自己发问。

（1）对方是否呈现出高度推荐或兴高采烈的样子?

（2）对方是否以快人快语的方式向你自我介绍或回答问题？

（3）你们是否第一次见面？如果是，对方是否说了新的方案或建议？

（4）对方是否很快邀约并希望你能参与？

（5）当你迟疑或拒绝时，对方是否以新的角度重新开局？

（6）对方是否用谈笑风生的方式略过了一些尴尬问题？

（7）对方是否有很明显的举一反三的能力？

（8）对方是否具有清楚的流程和计划，并快速确认了你的问题？

（9）对方是否表现出要不计代价、先签合约的态度？

（10）对方的业务目的是否明确？签约之后态度是否迅速冷淡？

如果你的答案多为"是"，那他很有可能就是偏于白羊座的人格特质。

要说服白羊座，就要牢记三个技巧。

1. 最好让他取得局部胜利

白羊座的人很重视局部胜利，特别在意"当下赢局"的感觉。如果一个白羊座告诉你"我曾经一天就拿下了别人花费半年也没敲定的客户"，作为听众，你只需要表示惊讶和赞美就足够了，如果你表示那不算什么，并指出某人曾经做出了更卓越的成绩，他就会很不高兴。所以，面对白羊座，最重要的是不要太较真，要学会体恤、顾及他的面子，让他产生"赢"的感受。如果你是处女座、金牛座等土元素比较强的人，就更要注意调整自己。

2. 以小利换大利

其实，白羊座还是比较喜欢收到小礼物的，迷恋更直接地获得实惠。即使他们不太愿意与你合作或不太喜欢你的商品，也很难放弃你平白赠送的好处。面对白羊座，要舍得付出一些小礼物，只要让他们获得物超所值的感受，他们大多不会辜负你。

3. 谈话最好简明扼要

如果你想和一个白羊座达成某种共识或合作，就要学会趁热打铁，千万别把战线拉得太长，因为白羊座的人很容易转移注意力。如果你是巨蟹、双鱼座一类的水象星座，一定要注意表达，因为你说话往往漫无边际，而白羊会觉得啰唆、不耐烦，很可能听不进去。归根结底，白羊座最自信。

狮子座

受到火元素的热情和外向的领导力影响，谈判者如果是狮子座，一般会表现出如下特点：具有明确的目标和愿景、经常会表现出称兄道弟的态度和方式、重视能力更胜于其他。

具有狮子座特质的人非常重视谈话的整体氛围，自信且很有影响别人的能力。一般情况下，针对以下问题，如果你观察所得的答案多为"是"，那就可以初步判定对方很有可能具有狮子座的人格特质。

（1）他是不是明显的会议主导者，或几个人、团体的强势领头？

（2）即使公开讨论，是不是多数人并没有决定事情的权利？

（3）除了现实因素，他是否还很顾虑理想、名誉等？

（4）谈话气氛是否浮动，是否产生了过于仓促、莽进的气氛？

（5）他是否表达了清楚的目标或方向，是否因此失去了后退的余地？

（6）他是否重视群众认同，并在许多细节面面俱到？

（7）他的工作或生活里，是否出现了"个人"独立支撑某些事的现象？

（8）在他的主导观点中，是否包含照顾弱势的部分？

（9）他是否将目标放在第一位，甚至不计较任何牺牲？

（10）他是否在现场创意横生，是否有越谈越飞扬的现象？

要说服狮子座，也要掌握三点技巧。

1. 要满足狮子座的玩心

狮子座是一个富有创造力且喜欢娱乐的星座，并不是很看重利益，反而更注重乐趣。如果他觉得和你在一起还挺有趣，或你有机会让他参与到比较有趣的事情里，他就会很容易接受你。

2. 要重视自己的身份和品牌

狮子座的要面子特质是所有星座中数一数二的，他们既喜欢和那些让他们有面子的人交往，又喜欢享受特别的优待和尊重，如果你满足了他们的需要，就成功了一半。

3. 尝试与狮子座称兄道弟

狮子座很喜欢热闹的气氛，为人大气豪迈，会奋力保护自己身边那些亲近的人。

射手座

受到火元素的开创和主动教育的特质影响，谈判者是射手座的一般会呈现出如下特点：比较理想化，容易谈乐观理念而忽视细节；可能会有强烈的灌输意味，强调精神附加值；愿意大方提供帮助。

　　射手座特质强的人高度热情，也很能解决具体问题。一般情况下，如果你在沟通中感受到以下十个行为细节，且答案为"是"，就该意识到对方很有可能具有射手座的人格特质。

　　（1）他是否总有一种想法或理念作为一切行动的支持？

　　（2）他是不是主动者，富有更多的激情？

　　（3）你们交谈的场面中，乐天和乐于分享的气氛是否浓厚？

　　（4）你们的沟通多是没有规则的放射状谈话吗？

　　（5）他经常表达一些叙述前卫或走在时代前端的概念吗？

　　（6）他是否会提出数据，但很少做出如何达到目的的计划且多依赖热情？

　　（7）他的言辞和态度是否明显狂热，总将重点放在改变、更新上？

　　（8）他是否常捍卫团队及自己的理念？

　　（9）他是否具有很强烈的灌输理念的态度，同时具有高度的排他性？

　　（10）他是否具有高度周旋的耐性，即使在双方无理取闹的状态下？

　　如果要说服射手座，需要注意三点。

1. 视野要开阔

射手座天生就和更远的地方所关联，你可以行万里路，也可以破万卷书。无论你面对的是男射手还是女射手，只要你是那个比他行路更多、读书更多的人，只要你总有无穷的见识可以和他讲，他就会心甘情愿地崇拜你、跟随你。

2. 欲擒故纵

追逐是射手座的天性，轻易得到的人、事、物不太容易引起他们的兴趣，所以，射手座的人做事时，你总会替他们捏一把汗，其实不是他们太笨而没有好办法，只是他们觉得简单的办法不好玩。如果一件事情循规蹈矩、不好玩，射手座就会感到真正的痛苦。如果你能为射手座制造一些阻碍，激发他们的追逐欲，他们很有可能会更卖力地向目标前进。

3. 宽容他的心直口快

射手座要的是真实，他们是最不擅长掩饰的星座。在十二星座里，天蝎座和射手座是最容易说真话的星座，但他们的不同在于：天蝎座说真话是盘算过后果的，他知道会有什么结果；而直率的射手座不同，他往往说完实话之后根本不知道自己的话会伤害到别人。

"风元素"攻略

思维敏捷、耐心平和、重视群众

双子座

受到风元素的思考和沟通的影响，谈判者是双子座的一般会有三个小特点：

第一，观念很新或眼光较为罕见；

第二，谈话时具有灵活的变化和宽阔的可能性；

第三，具有随机应变及能轻松处理谈话危机的能力。

双子座特质强的人是一个很好的消息传递者和愉快的沟通者。如果你感受到以下十个行为细节，且答案多为"是"，对方很可能具有双子座特质的人格。

（1）声音、表情是否十分活跃，甚至会达到"花枝招展"的程度？

（2）闲聊和谈笑风生的气氛是否占最多比例？

（3）话题是否五花八门，随时可以开启新话题？

（4）即使是没有根据的事物或观点，对方也可以说得非常肯定？

（5）是否会刻意寻找趣味点或者用夸张的方式吸引他人的注意？

（6）是否表面上很随意，高度接受的外表下却是一颗很固执的灵魂？

（7）是否看起来什么都可以，又什么也不可以，你似乎无法清楚了解对方的喜好？

（8）即使还需要第三方同意，对方是否就已经表现出拍胸脯作保证的态度？

（9）是否会有不经意地打听风声、探索秘密的行为？

（10）是否容许度很高，没有道德局限或个性上的障碍？

如果要说服双子座，需要掌握三个小技巧。

1. 一定要尽量显示出你对资讯和情报了如指掌

双子座富有逻辑，思维敏捷，如果你总是无法回答他们的问题，不能触碰到他们在意的那个点，日子久了，就会被"打入冷宫"。如果你知道一些涉及保密的信息，一定要慎重沟通，小心双子座套情报，并尽可能做到知己知彼。

2. 尽量避免要求对方承担过高的责任

双子座也是一个喜欢轻松且不愿意负太多责任的星座，一旦双子座觉得某件事的过程太麻烦或用时太久，很可能就会抽身而出。

所以，在职场里和双子座合作，一定要注意他们满口答应后是不是真的做出了结果，如果没有，就要考虑一下，是不是他们不愿意面对或承担太难的局面。

3. 多和双子座聊天

如果你的谈话不涉及太多个人隐私，双子座是一个很好的聊天对象。

通过聊天，你们的关系会亲近很多，而且，双子座是一个善于在聊天中挑起争端的星座，所以你可以将自己和双子座的谈话当成一场训练，如果你能回答好双子座的所有问题，应付其他人也就不难了。

天秤座

受到风元素的理性和高度重视人际关系的影响，谈判者是天秤座的特点是：

第一，意图十分清楚，却希望给你充分的空间；

第二，喜欢保持人和事的公平，并善于协助；

第三，常会先探求你的意愿而不急着抛出自己的目的。

一般情况下，如果你在谈判时感受到以下十个行为细节，就可以初步判定对方可能具有天秤座的人格特质。

（1）交谈具有明显互助合作、互谋其力的主旨。

（2）和你多以平行关系为主，似乎没有明显的上下之分。

（3）容易出现和你以物易物、交换整合的意识。

（4）以团结为主、是非观念为次。

（5）呈现出明显的客气和缓的态度。

（6）没有具体理由地认为明天会更好。

（7）观念里，信仰的意味浓厚。

（8）说话较为强势且尽可能地表现出说服的状态。

（9）可能会有提前安排别人作为"托儿"的行为。

（10）好说话，但不会轻易地"降价"或"杀价"。

具有强烈天秤特质的人是公正的、倡导以和为贵的人。如果要说服天秤座，需要注意以下三点。

1. 拒绝粗鲁

天秤座特质强的人很不喜欢粗鲁的人、事或被粗糙地对待，要想征服他们，最重要的是要柔和、精致。任何可能破坏美感与和谐的人、事，都会遭到天秤座的反感及逃离。

2. 展现你的智慧头脑

天秤座属于风向星座，很关注心智的交流，重视思考和人际，如果你对所有事情能有自己的思考和周全的考虑，并能以温和的方式向他们表达，就会得到天秤座的关注和喜爱。

3. 保持耐心与平和

很多人觉得天秤座的人很被动，其实，天秤座是风向星座里的开创星座，非常喜欢主动出击，只是他的主动出击经常藏在精心布置之下，以优雅的方式展现。

如果你能给予天秤座情绪的陪伴和安定感，甚至仪式感，让他感受到你的耐心、平和，而不是急躁和冲动，或许你就可以令他卸下优雅的外壳，从而主动出击。

水瓶座

受到风元素的理性和高度发达的思维能力的影响，谈判者是水瓶座的一般会表现出难以动摇的标准和立场、新颖或人道主义的观念，以及很强的拉动群众的能力。

水瓶座多是立场坚定且极有主见的人，一般情况下，如果你感受到以下行为细节，且答案多为"是"，你的谈判对象很有可能偏于水瓶座的人格特质。

（1）是否具有异常坚持和坚定的自我表达？

（2）你是否发现，与其说他是为了达成协议而说服他人，不如说他心里可能还有另外的目的？

（3）谈判中，他是否常以改变生活模式或改变现有模式为依据？

（4）他是否很容易和你成为明显的正反方？

（5）他的思想、行为是否展现出阶层分明的感觉？

（6）他是否不太愿意和你协商，也许协商是假象，而分裂才是真正目的？

（7）他的说话方式是否强势而直接，具有高度的侵略性？

（8）是否竞争意识强烈，喜欢保持第一或领先的态度？

（9）是否没有也不可能选择人情考量？

（10）你们交谈的场面吵闹，是否会有一方需要压下另一方的现象？

如果要说服水瓶座，需要牢记三点。

1. 靠硬实力说服

工作环境里的水瓶座是一群永远会对市场和环境保持高度敏感的人，而且，在占星学中，水瓶座和新式产品、科技彼此关联，他们的眼睛必然会盯着最新、最高端的东西。如果你的产品或思想气质并没有超越别人，理性的水瓶座是不会轻易被情感说服的，毕竟他们看中的是独一无二的品质和硬实力，客户如此，老板也是如此。

2. 靠逆势操作说服

如果你用很大力度表扬自己或强化产品的优点，习惯对立思考的水瓶座会做一件特别酷的事，即用尽办法寻找负面讯息或观察你的漏洞。面对水瓶座，一个好的方法是逆向操作，即给自己找一个缺点，如此一来，习惯对立的水瓶座便会不自觉地寻找你的优点和好处，那时，他的自我说服就开始了。

3. 靠群众评价说服

水瓶座是一个和群众、朋友关联密切的星座，吸引、说服他们的另外一个关键在于群众评价。一个人去建议或劝说水瓶座会激发水瓶座的对立感，但是，如果他们听到一群人说好，发现大家具有共同的想法，就会考虑接受了。当然，也可能会产生对立感，但往往由于没有发现有人对立而放弃。一旦让水瓶座相信群众并亲自体验了产品，他们就会非常乐意分享和传播。

　　总体来说，如果你不是水瓶座，又要说服水瓶座客户或老板，最好不要按常理出牌，要理解他们思考问题时的对立感和独特性，充分利用水瓶座的理性和客观，切记不要打感情牌，最好靠硬实力说话，如此沟通才能真正成功说服水瓶座。

"水元素"攻略

●

关注细节、坦白诚实、建立信任

巨蟹座

受到水元素的情感和敏锐度的影响,谈判者是巨蟹座的一般会表现出关心和照顾的柔软态度、经验和历程的分享及以安心、安稳和安全为主的立足点。

所有偏于巨蟹座气质的人都充满了关心态度,你常会第一时间感受到他的自愿服务热情。一般情况下,如果你感受到以下行为细节,你的沟通对象很可能具有巨蟹座的人格特质。

(1)他明确表现了不容的立场。

（2）他和你的谈话可能会有一些不方便公开的内容。

（3）他常有窃窃私语或一来一往的眼神。

（4）他喜欢拿第三人或最高指导单位当作不接受的借口。

（5）他容易展现大家是自己人的立场，表达里却仍有不同的等级分别。

（6）经常试图用关心和慰问的方式巩固你和他的向心力。

（7）他喜欢用规矩和数据的方式说话。

（8）他喜欢三番五次地旁敲侧击、迂回拐弯，最后才说出实情。

（9）他可能会快速地进行数字计算，甚至边按计算器边说话。

（10）表面上不明显，但他对数字金额和历史记录很敏感。

说服巨蟹座，需要注意三点。

1. 可打亲情牌

与其浪费时间抵抗巨蟹座的防御感，不如和他们所重视的人搞好关系，或多关心他所关心的人，反而会更容易突破巨蟹座的心理防线。

2. 关注小细节

巨蟹座的感受很敏锐，很容易察觉到让自己不舒服的事，也容易被温暖的小细节打动。

3. 尊重他们的领域

在职场里和巨蟹座打交道，最好多听、多问，先征求他们的想法，千万别在什么也没说的时候擅自做主或横加干涉，否则，你将会收到最激烈的反抗或消极怠工。

天蝎座

受到水元素的极度情绪化和暗中控制欲的影响，谈判者是天蝎座的话一般会有三个小特点：一是谈判的空间非常小；二是投机的意味很重；三是很少拐弯抹角，一般直击核心。

天蝎座特质的人极为深沉，具有极强的洞察力和敏感力。如果你感受到以下行为细节，就该知道对方很可能具有天蝎座的人格特质。

（1）你明显地感觉到他具有绝对的力量。

（2）分秒必争，绝少出现欢乐甚至嬉笑的场面。

（3）谈判空间很小，能挪动的部分仅是千分之一或万分之一。

（4）他考虑得很远，即使是很久以后才会发生的事，也会制定配套措施。

（5）权利、义务会有白纸黑字的清楚依据。

（6）他不会永远忍耐，也许会另谋发展。

（7）他相信专业，并会从最低点评估。

（8）就算是豁出去的举动，往往也整合了许多资料。

（9）常采用冰山一角的说话方式。

（10）说话方式中立，擅长忍耐。

如果要说服天蝎座，必须牢记三点。

1. 重视他们

天蝎座属于表面不说、内心却非常重视感觉的星座，善于捕捉别人的反应，你的怠慢和潜意识的不信任会对他们造成很强烈的影响，只要察觉到你的不重视，他们就会立刻走人，绝不回头。

2. 坦白诚实

天蝎座的人不怕面对残酷的现实，因为能量强大的他们扛得住，但是，他们害怕欺骗，只要你用真心交换，他们就会对你很好。

3. 习惯他们的控制感

天蝎座和狮子座是很需要控制感的星座，狮子座的控制感是需要大家看着他们，他们希望自己可以吸引所有人的目光，而天蝎座的所有控制是暗箱操作的，他们喜欢暗暗地掌握一切。如果你和天蝎座做同事，只要不涉及原则问题，以他们的意见为主就会达到最好的说服效果。

双鱼座

受到水元素的温柔和被动特质的影响，谈判者是双鱼座的话一般有三个特点：一是常采用贩卖梦想的说话方式；二是会展现出牺牲和同情（愿意和你站在同一边）；三是容易夸下海口或自愿承担。

偏于双鱼座气质的人愿意先给出未来的承诺，即采用"画大饼"的方式。一般情况下，如果你感受到以下行为细节，对方就可能具有很强的双鱼座人格。

（1）他常以爱心或慈悲作为出发点。

（2）他具有强烈的拯救或保卫意识。

（3）你们的沟通出现了强烈的分享伤痛或理解同理心的现象。

（4）谈判中不可能出现精算的部分，也因此会有略过的举动。

（5）他是一个自我意识过度强烈或自负的人。

（6）沟通中，他会出现明显的情感拉拢动作。

（7）他说话的态度很和善，容易出现高度赞扬的言辞。

（8）他可能会有"分封"的观念。

（9）他可能会尝试以情绪影响你。

说服双鱼座可以采用四个小技巧。

1. 用认同感作关系的纽带

在具有共同点的情况下，双鱼座的人会产生一种额外的情感链接，一旦关系被建立起来，就很容易达成交易或被说服。如果你要争取双鱼座的客户，一般要努力寻找"五同"，即同行、同乡、同校、同信仰、同爱好。

2. 寻找突然出现的激情

如果你和一个双鱼座谈到某一个社会问题时，两人产生了共同的情绪，或愤怒，或悲伤等，就要及时抓住它，作为你们的关系纽带。

3. 建立心理上的合拍

双鱼座很讲究你和他是不是一类人，比如一个认为义气很重要的双鱼座会更容易相信另一个做事讲义气的人。在职场里遇到双鱼座，可以细心观察他们最敏感、最在意的是什么，并尝试和他们合拍。

4. 获得他们的同情和怜悯

双鱼座是充满慈悲心的星座，如果你要求一个双鱼座接受你的观点，那你做的事最好还有利益以外的价值，比如公益。

"土元素"攻略

●

保障利益、不厌其烦、制造竞争

金牛座

受到土元素的被动和务实的特质影响，谈判者是金牛座的特点有：会为你提供忠实的介绍和中肯的建议；会释放空间让你思考且善于倾听；底线清晰。

金牛座气质强的人是很实际而诚恳的，不乱许诺是他的特质。一般情况下，如果你在沟通中感受到以下行为细节，且答案多为"是"，你的沟通对象很可能具有金牛座的人格。

（1）他的态度是否偏向于"谋定而后动"？

（2）他是否有连续拜访或连续商谈的情况？

（3）他是否安定或认定自己的产品具有高度价值？

（4）他是否会细数过去的表现以凸显高价格的合理性？

（5）他是否会有与主题无关的探问？

（6）当你进行一对多的谈判时，他们是否会彼此眉来眼去？

（7）他是否会先试探，等有人同意后才明显进入正题？

（8）他的戒备和防御性是否很高？如果你提出质疑，是否会引起不悦？

（9）他是否出现多次重申，以及原地打转的现象？

（10）他是否语带保留或隐藏重要的动机？

面对一个顽固分子金牛座，我们可以用三种方式和他们达成更好的合作或沟通。

1. 利益保障

金牛座是对利益特别敏感的星座，但他对利益的关注和白羊座的利益争夺不一样，金牛座是对自己已经拥有的利益不能放手的类型，他们一般会担心换个方式不会更好反而更糟，所以坚持的是与其轻易改变，不如保持原状。因此，要让金牛座发生改变或和你合作，首先要让他们放心的就是，他们原有的利益不会受损，保证他们的利益，才有谈的余地。

2. 切忌态度轻率

金牛座很固执，却是非常诚恳、认真的星座，即使面对不喜欢的人或需要拒绝人时，也会给出礼貌的回应。在职场里，无论你是和金牛座做事还是谈话，如果表现出轻率的态度，比如不倾听他们的言辞、打断他们或很粗鲁地打扰他们，就会很容易激怒金牛座，自然也很难愉快地合作。

3. 制造价值感

金牛座是一个和价值有关的星座，他们只做等值的事。在职场中，如果他们觉得你不是那个具有等值交换筹码的人，理性的他们一般不会理你，也不会轻易妥协。只要努力让自己显示出真正的价值，并让金牛座感到你是可以和他们平起平坐的，合作的基础就产生了。

处女座

受到土元素的被动和服务的特质影响，谈判者是处女座的一般有三个小特点：一是会提供证据或用缜密的逻辑解说；二是喜欢营造完美及无人能取代的氛围；三是凡事有预案。

具有处女座特质的人和细节关联，通常会准备很多细节和你谈话，如果你感受到以下行为细节且你的答案多为"是"，对方很可能具有处女座的人格特质。

（1）他和你的谈话程序是否很复杂或细节很琐碎？

（2）沟通的整体状态是否很麻烦且陷入胶着？

（3）他和你谈的事件是否很麻烦，却不愿意主动力挽狂澜？

（4）是否出现澄清、解释，将不合理的意图合理化？

（5）他是否偶尔会展现出事不关己的态度？

（6）你是否会遭遇负面中伤，但不知道敌人在哪里？

（7）他是否会通过利益促使你和他深入谈下去？

（8）他和你交谈时是否懂得防御，因而会有你听不懂的话？

（9）他是否展现出了强大的分析和解释能力？

（10）他是否有"逐步蚕食""不见兔子不撒鹰"的特质？

如果需要说服处女座，就要牢记三个小技巧。

1. 记住"嫌货才是买货人"

处女座的挑剔源于在意，如果你的老板或员工总是挑剔很多细节，就同一问题和你探讨多次，你就该意识到他们很在意你或你们的事，此时，攻心绝技就是不怕麻烦，好好解释，他们就会觉得你很暖心，会愿意配合你的工作。

2. 面子至上

处女座很注重面子，其实，他们之所以在意很多细节，在意别人对自己的评价或言行，就是要维护自己的面子和舒适感。所以，和处女座交好的最佳模式是尽量彼此配合，留足面子。

3. 不要太主动，要多麻烦他们

处女座不是一个主动的星座，他们喜欢默默陪伴和付出之后的水到渠成，你越是着急地和他们说话、攀谈，反而效果不好。一个好的方式是你可以请他们帮忙，比如让他们帮忙解决技术难题等，处女座就会觉得很轻松，你们的关系也就悄悄近了一步。

摩羯座

受到土元素的踏实和实际控制的特质影响，谈判者是摩羯座的会表现出谨慎的沟通、经过精算和设计配套的各类模式，以及逐步前进和照规则办事的特点。

具有很强的摩羯座特质的人是和组织、公司关联的，通常会以比较谨慎的态度和你谈话，一般情况下，如果你感受到以下十个细节，你的沟通对象就很可能具有摩羯座的人格特质。

（1）通常，他会表示自己不是真正能够决定事情的人。

（2）重视规矩，而且好像没有能够打破的可能。

（3）需要讨论的部分不会选择在面谈中进行。

（4）高度谨慎，似乎有很多部分都会影响他做决定。

（5）观点保守传统，面对临时的状况会先依循前例。

（6）会有严格的检查程序。

（7）他有管控事情的愿望，面对事情以承诺为主。

（8）他的表达合理，并且会提供解释。

（9）说话方式客气温情，而且较无明显立场。

（10）即使理解、同情你的立场，也未必真的能够帮忙。

如果要说服摩羯座，需要了解三点。

1. 制造快乐

摩羯座的上半身是羊，下半身是鱼，尽管他们表面很压抑，内心却需要靠一些柔软、快乐或放纵补偿。如果你要赢得摩羯座的心，务必让他们和你在一起产生愉快的感受，即使是很会计算的摩羯座，也会为快乐的感受付出很多，包括金钱、情感，因为快乐是无价的。

2. 让他们看到明显的利益

摩羯座是最小气又最大方的星座，小气在如果一件事让他们看不到价值或好处，无论长期或短期，他们连看也懒得看一眼，更不会有任何设想和好奇心。但是，当他们清楚一件事的价值时，比如买个让自己看起来很有身价的东西，为自己增值或益于未来，他们通常会表现得特别慷慨、大方。

3. 让他们感受到竞争感

为什么摩羯座会跟竞争有关呢？原因是在占星术上，摩羯座代表着维持国家、群体和家族的优越感，在他们心里，处于优势地位、获得优越感非常重要。如果你将摩羯放在一个和别人比较且让他们处于羡慕别人的位置上，他们会忍受不了，所以他们常常为了在竞争中保持优越感而默默隐忍、默默争取。如果你想赢得摩羯的心，让不服输的他们被刺激是有效的，不过，如果长时间的卧薪尝胆和隐忍付出没有结果，摩羯座就会潇洒离开。

延伸

如何沟通、调节邻里纠纷 / 家庭矛盾 / 孩子教育?

🪐

巧妙变通、对症下药

除了职场识人，我们也可以认真观察并运用星座元素之间的不同处理一些生活问题。

梅梅经常出差，家里的水管已经坏了很久，总是没时间修，偶尔会漏水，住在楼下的李哲为此懊恼不已。有天，李哲终于看到梅梅回家，赶紧上楼解决问题，可是敲了几下门都没有回应，李哲火气更大了，不由得加重了力度。

梅梅赶着开了门，还没说话，李哲就像机关枪一样开口了："我叫李哲，是你楼下的住户，你们家总漏水你知道吗? 一两天也就算了，不计较了，可好几天了怎么也不修一修，再泡下去，我家成瀑布了，怎么解决? 今天必须解决，不然我就不走了。"

梅梅一时没反应过来，愣了两秒才意识到家里的水龙头没时间修，漏水影响了楼下的邻居，她赶紧道歉，又解释了没时间修水管的原因，说明自己出差刚回来，能不能休息一下，明天再叫师傅修理，同时通知物业。

李哲立刻拒绝了梅梅的提议，说："我明天也有事，既然你今天在，赶紧解决了大家清净，你打电话给物业，叫人过来看看，我现在就等着。"

分析整个过程，梅梅确认李哲具有明显的白羊座特质，是个急脾气，说话也很有攻击性，一直坚持催促她做决定和行动。稍加思考，梅梅开始运用说服策略，说了以下几点：

"行，您先进来坐会儿，我肯定不会再拖了。

"您先尝尝我出差捎回的特产，网上买不到呢！

"您放心，明天晚上之前我肯定修好，水一直流，我也要付水费呢，您不用担心，我比您还急呢。您先回家休息，明天还修不好，您损失了多少我全包了。"

李哲也不好意思再坚持，就拿着梅梅给他的特产回家了。梅梅联系物业告诉他们明天修理，自己也好好休息了。

我们可以回忆、分析一下说服白羊座的策略。

首先，让他取得局部胜利；

其次，以小利换大利；

再次，说话简明扼要。

梅梅做得很好，在李哲处于急躁的时候依然达成了共识，因为她先从李哲的表现和彼此的沟通中确定了李哲的个性，又运用了适当的说服策略，四两拨千斤，取得了战略性的胜利。

婷婷和天蝎座的老公住在一室一厅的房子里，她希望更换一套稍大的房子，一是她准备要宝宝，二是考虑将来好安置和照顾老人，婷婷老公却觉得现在是两人的事业上升期，不适合要宝宝，而且房价是个不小的负担，两个人一直没有达成共识。

婷婷决定运用说服策略，就做了一大桌老公爱吃的菜，等着他回来，不停给他夹菜，又感谢他对家庭做出的贡献。

"老公，你特别努力，其实我一直挺感动的，我觉得你就是我的依靠和主心骨。

"我想要宝宝很久了，开始我也怕我们顾不好家庭和事业，就一直没要，但是以你现在的能力，我们可以给孩子一个好的环境，我也打算在备孕阶段考心理学硕士。现在房价比较高，不过我们还有积蓄，我看了房子的走势，现在买其实还有很大的增值空间，长远来看是不亏的。

"当然啦，你是家里主事的人，如果你坚决反对，我就不再提了，我相信你有更好的打算和安排，也一直对你很有信心。"

老公没有当场答应，不过婷婷发现，老公开始关注各种楼盘信息了，她心里甜甜的，知道他们即将开始新的生活了。

分析案例，我们可以得知针对天蝎座的说服策略。

首先，重视他们；

其次，坦白诚实；

再次，让他们有掌控感。

其实，不管面对什么星座，知己知彼，方能在沟通中以退为进，占尽先机。

亚楠的儿子很聪明却异常调皮，是个典型的双子座，刚上小学二年级，老师就天天叫家长来学校反映情况，做了一些准备后，亚楠决定好好和孩子聊一聊。

往常的周末，吃完早饭，孩子就要先去写作业，亚楠却假装无意和孩子聊了起来："那天我在路上碰到你们班的贝贝了，拿着一个奥特曼的模型玩具。最近大家是不是喜欢玩那个啊？"

孩子一下子就精神地说："可不是嘛，我那天还想买呢，怕你不同意。"

亚楠觉得机会来了，赶紧展开说服策略。

"怎么会呢？我知道那个奥特曼超人的模型是一套，可酷了，而且奥特曼是正义的化身，是你们的榜样。你们班考第一名的亮亮也喜欢，还没有耽误学习。妈妈怎么会不同意呢？妈妈也很喜欢。

"你也想像奥特曼一样成为大家喜欢的人吗？大家喜欢奥特曼啊，因为他能帮助大家解决麻烦，不像怪兽一样给别人造成困扰。"

儿子说："我也想像奥特曼一样，我不喜欢怪兽。"

亚楠赶紧说："我也希望你像奥特曼一样，那就从好好学习开始好吗？你看奥特曼从来没有被叫过家长呢。"

儿子点点头。

亚楠和孩子一起去买模型的时候，儿子特别开心，说："妈妈，你以后一直会和我聊天吗？"

亚楠笑着说："当然会！"

分析对双子座的说服策略，我们可以得知：

首先，一定要尽量显示出自己对资讯和情报了如指掌，要尽可能地做到知己知彼；

其次，避免一开始就让他承担过高责任，可以从他感兴趣的话题入手；

再次，多和他聊天。

如果我们要将说服策略运用到孩子身上，还要活学活用，因为孩子很单纯，说服或教育他们不能生硬，最好从孩子的角度看待问题。

亚楠预先了解了孩子身边的资讯，从他感兴趣的话题入手，又以聊天的方式沟通，没有选择批评说教，既符合孩子的思维，又符合双子座的说服策略，可见亚楠是个花心思的好妈妈。

要将说服策略应用到现实场景，不管是面对哪个星座，需要记住的一点是必须仔细观察、精准定位，再投其所好。

复盘笔记

饭局识人：
5 分钟在饭局 / 酒局 /
茶局结交人脉

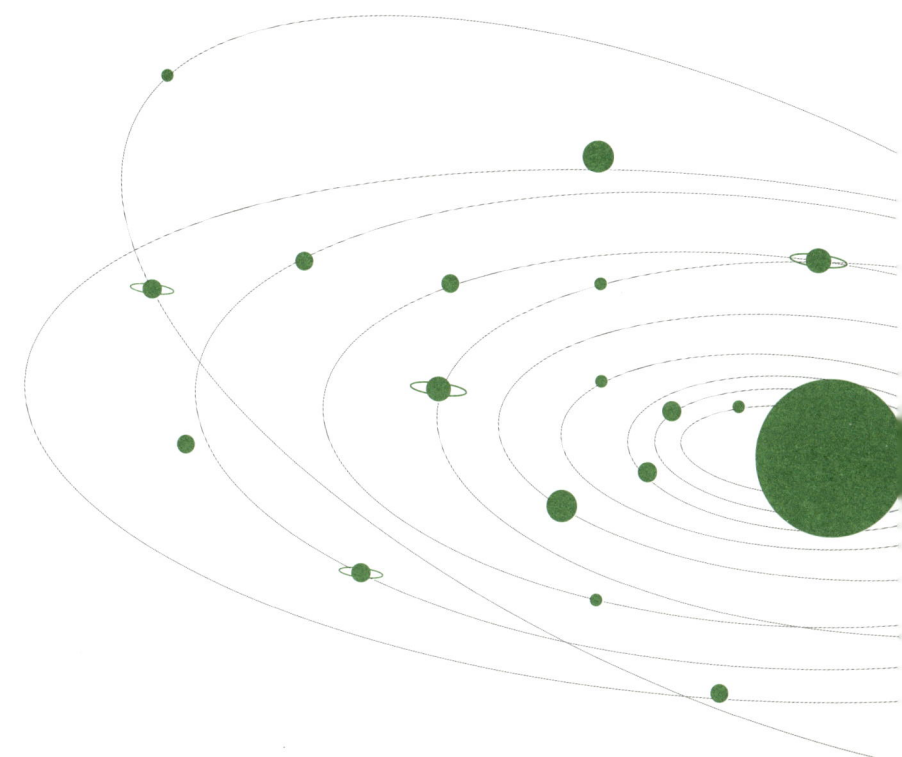

观察行为，分析心理

行为的心理动机分析

　　小时候，爷爷常教育我："吃饭要懂规矩，饭局能识人。"长大以后，我才真正明白，一个人的"吃相"可以反映很多问题。从心理学的角度考察，一个人最深层次、最真实的人格多是在不经意的吃喝间流露出来的，因为一个人吃东西的时候几乎是最放松的时候，潜意识就会通过很多细节呈现出来。

　　无论是安排宴请、选座位、看吃相或喝酒，一个人的行为背后是真实的心理现象。如果我们要在故交新友的饭局上解读一个人，那么，应该从哪几个人性深层的部分观察呢？我总结了五个洞察点。

1. 是否具有主动服务的精神

无论是交朋友还是选择合作伙伴，一个具有主动服务精神的人会让你感到很可靠、安心和舒服。什么是主动服务呢？就是一个人是否能设身处地地为别人着想，是否具有照顾别人需要的能力。

【场景一】

小刘给你泡了一杯茶，并放在了你面前。放茶杯的时候，小刘将茶杯稍稍转了一下，让茶杯的提手朝着你。小刘伸手转动杯子的方向看似是个小动作，实际上就是主动服务的精神。

【场景二】

一个公司的饭局中，大家落座以后，发现服务员很忙，叫了半天没人应。小王是聚会里最年轻的人，可他不但没有起身去叫服务员，也没有给大家张罗倒水，反而若无其事地看起了手机，属于典型的没有主动服务精神的人。

通常，企业会重用具有主动服务精神的人，因为他们态度更积极、心态更开放，也更容易与人沟通。个中原因很简单，人和人之间的影响力是建立在互惠基础上的，具有主动服务精神的人会更容易得到别人的喜欢，甚至是帮助，因而，他们会在强调人际互动能力的岗位上表现得很出色。

2. 是否自私，是否会考虑别人的感受

朋友是一家公司的老板，每次和员工出去吃饭，就会观察员工的行为。一次，八个人聚餐，刚好某一道菜是八块肉，而一个员工只顾自己，一直在吃眼前的菜，忘了别人还没有吃到。朋友告诉我："遇到类似的员工，即便能力再强，最多只能当副总，不可能做到总经理，因为他没有分享意识和考虑别人的概念。"

自私的人心中只有自己，从来不会考虑别人，即使偶尔会在口头上替别人着想，只要真正涉及个人利益，往往不会做出半点让步，无论是交朋友还是工作，势必会对别人产生不好的影响。最重要的是，企业环境里的人和人之间是相互影响的，选择什么类型的员工就是选择什么类型的团队风气，而自私的人通常很少考虑别人的感受或顾全大局，容易影响团队士气，尽量不要委以重任。

3. 是否有自律性

关于自律性的部分，也不用刻意在饭局里看，只要观察一个人的体型就可以初步判断他是不是自律了。我们总是听到身材

很好的帅哥或美女说"我吃很多，但就是不胖啊"，是真的吗？不假，而没说完的一半可能是"我吃饭很多啊，可是我从不吃零食""我特别喜欢吃肉啊，可是我晚上从来不吃""我经常吃得很饱，吃完就要跑步二十分钟"，等等。

一些人具有偏瘦的基因，而另一些人的基因就是偏胖的，我们不能否定先天性的身体素质。不过，如果你只注重吃，一点也不消耗、不节制、不管理，那么，无论基因如何，谁也逃不过发胖的可能，因此，很多身材很好的人能抵制美食诱惑、克服运动前的懒惰，往往是自律性很强的人，他们最大的心理特点是可迁移、可预测。我们甚至可以肯定一点：类似的人在职场中会比其他人更容易拒绝诱惑，更不容易分心，更有忍耐困难的能力，他们是可以信赖的人。

4. 是否有家教

一个网友家里收藏的手办价值上万元，却被亲戚家的孩子拆了，不知道该不该向孩子的家长要求赔偿。那段时间，讨伐"熊孩子"的声音在网络上此起彼伏，也有人说："小孩就是捣蛋鬼，没有一个是不淘气的。"

其实，很多"熊孩子"之所以成为"熊孩子"，是因为在他们出生之前，他们的父母已经是社会上的"熊孩子"了。家教和家风是从父母处习得的，而家教的重要作用就是在一个人还年少懵懂的时候，教育他什么是规则，告诉他什么事情该做、什么事情不该做，也就是建立一个人的敬畏之心。如果一个人常怀敬畏之心，就不会任性地为所欲为。

"敬"不是表面的供奉而是由衷的真诚，"畏"不是内心的懦弱而是灵魂的震撼，只有心怀敬畏，我们才能保护自己的良知，只有学会了害怕，才能勇敢地对抗恐惧。一个具有敬畏之心的人，既有分寸，又知尊重，也更容易坚守原则、展现忠诚，所以，很多企业会比较看重员工所表现出的家教。

此外，在饭局里观察一个人对待服务员的态度和吃饭的礼仪，最容易察觉他是否有家教。很多人在理智状态下可以展现出好的态度和文雅的举止，但是，观察一个人是否有教养的最好时机是感性状态。我们要观察的是，一个人的情绪处于极度激动或放松时，是否呈现出颐指气使、大声辩论或吃相全无的状态。

5. 是否有主见，能说出自己喜欢的部分

一些人可能会觉得如果不能判断某件事情，就是没有主见。实际上，主见的定义并非如此，世事众多，我们判断不了的远多于自己能判断的。如果你确定自己判断不了某件事且认为某个人可以判断，最终你听了他的，那你就不是一个没有主见的人，因

为你根据自己的判断采取了行动。简而言之，如果你的判断不受制于你的情绪，你就是一个有主见的人。

在饭局里，点菜会直截了当地展现一个人的主见。通常，点菜可以反映出三种人格：第一种是直接承担点菜任务的人，他们往往很有主见；第二种人知道自己喜欢吃什么，也会听别人讲，如果他对菜单不熟悉，就听别人的，如果吃过，就会表态哪个菜是自己喜欢吃的，敢于礼貌说出自己的喜欢和感受；第三种人从来不点菜，也没有任何行动，别人点什么他会随声附和，而真正吃起来却好像并不是很喜欢那些菜。

分析之后，我们可以发现，一个人之所以没有主见，一般源于两个原因。

第一，针对某一方面，没有系统而完善的认知，信息量太少而无法进行判断。追根溯源，也是不够了解自己，不够了解事态，仿佛身在未知世界，自然无法做决定。如果一个人不太愿意点菜或平常在饮食上研究不多，于他而言，听别人的建议或许更有效率。

第二，不够自信。往往也是受第一点的影响，但也不是绝对的，没有自信的人很容易人云亦云，没有自己的观点，也就无法做出判断。

企业通常会选择有主见、有自信的人培养，因为他们一般更愿意承担责任。企业发展需要敢于挑战和承担责任的栋梁，而不是以依靠过活的"寄生虫"。

从心理学方面判断，一个人的每一种面部表情、身体动作、姿势的变化都具有特别的意义，比如一个人习惯在站立时用脚后跟着地以使身体前后摆动，并用他的手指摆弄衬衣袖口，那他在潜意识里展现的是一种明显的自大，如果你遇到他，最好不要浪费时间和精力告诉他任何事，因为他自以为知晓一切，听不进别人的话。

潜意识会支配我们的行为、动作，如果没有通过刻意的训练，一个人的大部分动作会比语言更真实，如果你要通过一个人的动作来细致地了解他，一定要在那个人最放松的状态下进行观察。通常，观察所得就是两种姿势，一是外向的姿势，二是内向的姿势。

一般而言，人在很放松、很高兴或感到安全的时候，往往会展现外向的姿势表现积极、欢喜、热诚的情感。 外向的姿势包括身体坐得笔直、昂首挺胸、两手张开放在身前、两脚打开而不是锁住，嘴角、眼眉及脸上所有的线条与角度皆向上升，面部表情比较舒展。通常，外向的姿势也暗示着一个人是"优胜者的姿态"。如果一个人因长期成功而积累了越来越强的自信心，那他的身体动作和面部表情会倾向于外向、开放的姿态，因为成功会给人很多的安全感。

当一个人感到悲伤或失意时，下意识的动作是走向一个角落，可能是蜷缩起来或垂下头，身体因懒散而呈现出一种消极、灰心、愁苦、失望的姿态。一般而言，内向的姿势包括双手抱胸、蜷缩含胸状、尽量不和你产生目光接触、眼睛和脸部线条向下、双脚交叉紧缩等。当你看到一个人展现出此类状态后，至少可以产生两个判定，一是最近他过得不好，二是他对你有所防备。比如我们观察两个人谈恋爱，如果男生说话时，女生总是时不时地将手缩回且身体向后缩，那就表示她心中存在否认、惧怕、失望或愁苦的意识，最极端的可能是表示隐瞒或欺骗。

如何通过观察内向姿势和动作判断对方对你的接受度呢？一个比较简单的方法是，在和一个人沟通的过程中，观察他的身体是不是向后仰靠在椅子上，两腿是不是交叉，是不是两臂相交抱在胸前。如果是，说明他不相信你，或他在怀疑你的观点，是比较确切的拒绝的表现，某些时候，可能还有挑战的性质。

如果一个人在商谈过程中出现了消极抵抗的姿态，你应该及时调整或停止讨论，迅速发现错误所在，运用两种方法化解他的消极、闭关态度。

第一种方法是及时问他，直到得到回答。如果不能让你的谈话对象放下抱在胸前的双臂，就采用第二种方法，递给他一件东西，可以是一本书、一张画、一幅图表等，此时，他必须要放开胳膊，用手去接，只要他继续采取了开放的态度，你就取得了阶段胜利。此外，如果一个人的身体倾向于你、肢体是放开的，那他肯定对你产生了兴趣，不仅在用耳朵倾听，也在及时思考，他相信你，愿意多了解一些，既然如此，你就继续表达吧。

动作观察里的一个重要启示点是，如果一个人表现出关闭的姿势，他的心也是关闭的；反之亦然。即使一时的姿势不能全面代表一个人的性格，也可以表现他当时的接受状态，而观察沟通对象的状态，可以帮你更清楚地了解他的内心想法，并更好地在沟通中施加影响。

展现能力，认可他人

●

亲和力 & 杀伤力的语言行为模式

在我看来，要处理好一段关系，就要深挖关系背后的源头，不能总将关注点放在一个个具体技术上，如果我们掌握了关系的原理，就可以更熟练地运用方法和技能，赢得更好的关系。

关于关系的建立及饭局中应该如何更好地与别人相处，有两种力量是最重要的，一是杀伤力，二是亲和力，它们源于人性中的求生和缺爱。

在乱世里，杀伤力主要代表拳头、气场，而现在，杀伤力则代表了"你值得别人敬仰、感叹和尊重"的能力，比如你持有傲人的学历背景、你的企业很成功，甚至你拥有百万微博粉丝数，等等。当然，如果你非常美丽或帅气，也是一种强大的杀伤力。

　　人总是更愿意与强者为伍，如果你在某方面非常优秀，它就是一个具有杀伤力的招牌，你可能会在一些聚会上感到"我有花香，蝴蝶自来"。如果要在保持个人魅力的同时结交更多的强者，我的第一个建议是一定要准备可对别人说的故事，主要以你的背景和经历为主，可以是有趣的、厉害的或感人的，也可以拿出数字印证。总之，需要坚持的一个原则是，当你说完后，别人会和你产生情绪的连结，会愿意主动和你说些什么。此时，你就取得了第一步的胜利。

　　第二步，一定要让自己展现亲和力。水泥很具"亲和力"，它能将互不相干的卵石、容易生锈的钢筋团结在一起，变成强韧耐久的混凝土，而富有亲和力的人，就像水泥，能集合众人的强项，实现优势互补，并能得到别人的长久喜爱。

　　什么是亲和力呢？我们可以延伸一下那个熟悉的场景。

　　你泡了一杯茶端给小王，往桌上放茶杯的时候，你稍微转了转茶杯，让茶杯的提手朝着小王的方向，小王说："谢谢。"他注意到你放茶杯时调整了方向，方便他端起茶杯，因此，他感谢了你的悉心照顾。

以上场景里，小王注意到了你转茶杯的行为（观察）；通过评估，他发现你转茶杯是为了方便他（评估）；他认同你行为的目的（认同）；最后，他表达了对你转茶杯行为的认同和感谢（表达）。

场景互动中，小王的观察、评估、认同、表达是四个连续的动作，它们构成了一项技能，心理学家称之为行为欣赏。经过多年的跟踪研究，心理学家发现，和美的夫妻、和睦的家庭、和谐的团队等所有良性的人际关系中，少不了一个富有行为欣赏能力的人，此人就像水泥团结卵石和钢筋一样，将其他人牢牢团结在自己周围。基于此发现，心理学家认定，亲和力的本质是行为欣赏，其定义如下：对他人行为价值的认同性表达，即你向别人表达自己喜欢他的能力。

我反复强调过，人们通常会接受喜欢自己的人。**如果你能通过行为和言语向别人表达充分的行为欣赏，你就获得了征服人心的关键。**

无论是饭局、酒局还是茶局，我们可以从三组展现"行为欣赏"的动作细节入手，多加实践，促进自己展现亲和力。

注意展现亲和力的肢体语言：在各种肢体语言里，微笑是最重要的。如果能在聚会时间的 80% 里保持淡淡的微笑，就会迅速建立好感度。此外，在饭桌上听别人说话时，尽量要目光柔和地平视对方，试着略微收低下巴，尽量少作封闭性的动作，比如双手交叉抱胸等。

注意展现亲和力的语速： 说话的快慢直接影响可信度，沟通中最好放慢语速，越想让对方相信自己所说的，越要放慢语速。如果在饭桌上一直说个不停，很容易引起反感，要学会多将焦点转给别人。

谈话间展现的有效赞美： 教育心理学原理的一条是"不要称赞小孩子'聪明'，而要称赞他'努力'"，面对成人，也同样适用。如果你要展现发自内心的赞美，可以通过三个步骤：首先，描述对方的具体行动；其次，点出他的行动所表现的努力和影响；最后，表示感谢。当然，赞美以真诚为原则，如果没有发现称赞点就不必牵强。

"组局三步走"

观察、试探、确认

在不同的"局"中，我们面对的是不同的人。如何根据不同的人选择恰当的聚会、沟通、表达方式呢？总的原则是因人而异，因为每一个人的背景、经历和喜好不一样，要做到套路式的总结很难。不过，设计思路和方法可以做成原理性的套路，主要包括以下三个小步骤：

1. 观察

你可以事先观察对方的喜好，如果是企业管理者，办公室是最无言的展现。一些老板的办公室是偏中式的装修风格，给人古香古色的感觉，他们很有可能比较喜欢茶局，如果你看到他还有一个茶桌，那你下次约谈的地点就选环境清幽的茶室好了。如果你看到一个人的办公室装修是比较现代或前卫的风格，通常，他会更喜欢咖啡和红酒。

2. 试探

你可以在谈话时说到一些具体的菜肴或是你对茶、酒、咖啡等的感受，再等待、观察对方的反馈。如果一个人真的喜欢一样东西，即使他不会像专家那样记住所有的名词，也一定会非常细腻地分享感受，并以肯定、喜欢的态度和你讨论。此时，保持对沟通态度的敏感很重要。

3. 预先确认

邀约和组局时，给参与者最大的尊重就是给予他们选择，你可以提供两个或三个选择给你要约的人，当然了，你要充分考虑的是聚会地点的价格、距离、风格和特色。如果你不熟悉他的喜好，尽量以具有特色为原则，如果实在没有，看起来很贵、很有格调的地方也不错，会让对方觉得你在用心对他，因为你选的地方在一定程度上表现了他在你心中的位置。

其实，方法是无穷无尽的，你可以根据自己的具体情况不断累积和搜集材料，以备和朋友小聚或合作洽谈用。

吃饭事小，出局事大。如果一个人的饭局很多，意味着他是朋友很多的人，他是重要的人，他是受欢迎的人，他是事业有成的人，等等。如果没人带你玩，是一种比失业、失恋和失明更令人恐惧的事，那意味着你成了社会的弃儿和圈子以外的人。

延伸

商务局与个人局的关注点有何不同？

●

利益；温情

　　个人认为，心理学的意义在于帮助我们更好地了解自己和他人，进而学会成长和生活，并不在于谋划和算计，除去必要的工作场合，我们应该抛弃套路，尽量让自己过得轻松一些。就"局"而言，无论你要参加哪一种"局"，真心总是最重要也往往是最奏效的，只要你怀着一颗真心，就会赢得别人的喜欢，如果过于刻意，反而会让别人尴尬或不舒服。因此，不管是赴约还是组局，火候很重要，面对不同的局，我们应该知道一些基本的细节或礼节。

　　商务局里，只需要记住两个字——利益；而朋友局和异性局里，最需要记住的两个字是——温情。

　　1. 设饭局的关注点

　　商务局需要"穿鞋戴帽"似的名头，以便让自己的目的合情合理，既然主要是以利益驱动的，那重要的就是投其所好。如果他是单身，可以尝试单身party；如果他喜欢红酒，可以尝试品鉴party；如果他注重财务，就可以约他商讨项目细节……总之，你需要一个息息相关的利益点，让他心甘情愿参与饭局。

饭局的时间切忌选在重大节假日，人家要过假日生活，谁会和你聚会呢？而"个人局"就不一样了，个人局需要温情，一般而言，朋友或异性之间最好的组局理由就是发现了一个新的地方，很想一起去，或是你知道而他不知道的某家餐厅出新品，希望带他去品尝，如此一来，聚会就顺理成章了。

2. 确定餐厅的关注点

如果举办商务宴，你要依据客人的重要程度选择适当的排场，比如类型、价位等，不可忽视或随意安排。

（1）价位、类型选择。

如果要宴请很重要的客人，一定要订档次高、菜品精、私密性强的餐厅，能约到每天只开一桌且酬劳很贵的私厨就更好。在一定程度上，筹备的难度约等于你的重视度。

如果是将来可能会合作的客人，餐厅要讲究舒适、中等档次，最好选择大家认可的菜品。

（2）餐厅选择。

地点：如果利益驱动足够大，距离可略远；如果利益一般，最好选择主宾家或公司附近。

交通：最好选择靠近停车场的位置，如还有下属等，最好附近还有地铁站。

条件：席面足，私密性强。

3."看人下菜碟"

你需要了解客人们的口味，尤其是最重要的客人，询问时不要开门见山地问"您最喜欢吃什么"，那是不太礼貌的，最好的方式是先问客人"忌口是什么"，如此才能巧妙点到客人的喜好穴位，而暖心周到就是拉近距离的必要方针。

如果是私人局，选餐厅、地点和点菜等方面的关注点也是类似商务局的，毕竟朋友和异性也会考虑你的用心程度，也不能太随意，只是商务局强调的是私密和贵，而朋友、异性局强调温馨舒适、风格独特，重要的是美食好吃。

关于就餐，商务局还要特别注意两点。

要让主宾点一些菜。不管你多么了解客人的喜好，也不可能知道当下的他希望吃到什么，因此，要让主宾掌握饭局的主动权，自行点几道菜。

餐酒要搭配得当。什么餐配什么酒是一门大学问，一方面是礼仪要求，另一方面，如果酒和餐没有配好，就会白白浪费好酒和美食。因此，一定要预先查阅资料，明白一些餐、酒禁忌，既不会失礼，也会显示出自己的品位。

复盘笔记

线上识人：
5 分钟分析社交性格

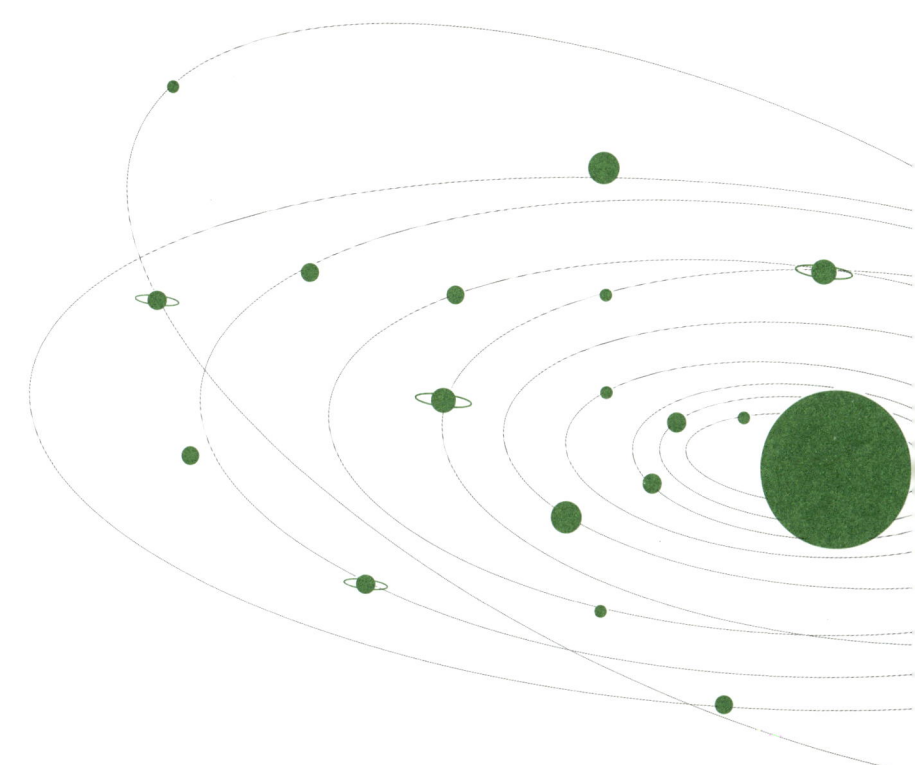

多方观察，秒懂 Ta 心

文字内容 + 头像 + 风格 + 更新频率

　　现代社会，社交软件已经完全进入了我们的生活和工作环境，成为个人的一部分。一些朋友问我"是否能从微信朋友圈分析一个人的性格"，我的答案是：性格是众多因素的复杂组合，仅靠微信朋友圈进行分析，所得结果肯定是不全面的，不过，朋友圈、微博通常是一个人的自我延伸，通过一个人的社交网络，确实可以看到他希望呈现的模样，从某种角度判断，一个人在社交网络上的状态，也是他的一部分真实自我。网上也有一些帖子写了"如何通过朋友圈头像、图片、更新频率判断一个人"，个人认为，这种说法也许具有一定合理性，但由于没有实际面对面的接触了解，还是缺乏真实的依据。

心理学界的一个测试被很多专家认同，可以作为衡量一个人心理特质的组合，即"大五人格测试"，它包含了五个方向。

（1）情绪稳定性。包括是否更容易焦虑、更容易孤独、更容易敏感多疑、更容易发怒等。

（2）外向性。包括是否喜爱社交、精力是否旺盛、个性是否乐观积极等。

（3）开放性。也叫独创性，比如想象力是否丰富、是否喜欢艺术、是否具有冒险精神、是否喜欢听别人的意见，表示了一个人用新方法、处理事情的开放程度。

（4）宜人性。表现为一个人更愿意服务他人、更体贴还是不太愿意配合、不大为别人考虑等。

（5）尽责性。表现为一个人做事是否有条理、自制力如何、是否勤奋等。

如何将一个人在微信朋友圈里所展现的性格特质和大五人格测试关联起来呢？

情绪稳定性。一般而言，我们可以通过语言文字的风格看出一个人的情绪是否稳定。如果你经常在朋友圈看到一个人发类似"今天天气不错，××真心赞"的文字，还会附上一张跑步的图片，就可以从具有积极因素的语言和图片判断他是属于比较感性和积极的人，情绪稳定程度适中，不容易情绪化。如果你看到另一个人经常会发诸如"垃圾""恶意""再多努力也白费"等负面消极的情绪化字眼，或比较消极的图片，你可以初步判断他比较容易展现消极和负面情绪。一般来说，情绪稳定性差的人更需要点赞和鼓励。

外向性和开放性。外向性和开放性具有一定关联性，比如我们经常会看到一些人用真实姓名、照片作为微信昵称和头像，也会常在朋友圈晒自己的照片，此类人更容易给人留下外向的第一印象。一个人能多大程度地表露自己，几乎与他的外向性、开放性呈正相关，比如你是完全将自己的生活展现在朋友圈呢还是只选择了重要的事情，甚至你只选择三天可见，等等，各种选择与你的心理意识具有极大的关联。一般而言，表露程度越高的人越会给人外向友好、社交活跃度高、很有主见且精力旺盛的第一印象。

宜人性。主要是指一个人的个性是自我导向型还是关系导向型。如果一个人的朋友圈文字和图片里出现大量"我"的感受、看法、观点、意见或照片，基本没有别人，那你可以初步判断他是一个自我导向型的人。而一个关系导向型的人会比较多地表露自己与他人的关系，比如集体活动照片或家人照片等，他更重视关系，更容易展现出服务别人及随和配合的品质，也更容易交往。

尽责性。在微信和朋友圈里，尽责性主要体现在一个人自我表露的谨慎程度和更新频率上。研究发现，一个人表露自己越多，在别人眼里的不负责程度就越高；而一个人表露自己的程度越低，就越会给人一种小心翼翼的印象。当表露的消极情绪越多，就越会给人责任感不强的印象。如果一个人的更新频率具有一定规律，甚至更新时间比较固定，你就知道他可能是一个比较强求计划和规则的人；同时，他或许很需要别人关注。

以上只是关于微信的一部分研究结果，如果从深层的人性方面分析，刷朋友圈的习惯也是我们排解孤独的行为，而发朋友圈或微博的时候，人们则会考虑自我呈现、形象经营等问题。因此，针对朋友圈、微博等社交工具的性格识人，我建议从两方面分析，一是可以通过掌握大规律初步判断一个人深层的性格；二是当你知道表现哪些部分能在别人眼中显得更负责任、哪些部分能更让人喜欢和信任你后，可以通过类似的方式进行自我印象管理，从而建立更具魅力的印象。

　　我们的心灵与身体之间的联系极为密切，凡是足以影响身体的事物，也能影响到我们的心灵，而心理的平行性，就是分析个性、用人识人的基础。一位心理学家曾说："所有情感的主因是发自生理的"，即你的任何情感表达，如喜、怒、哭、笑、恨、嫉妒或忧戚，无一不连着身体某一部分的肌肉力量。如果你只表现了一次某种情感，就不会给别人留下多大印象，若你重复表现，就会给人留下不能磨灭的印象，那并不只留在你的额头或手纹上，而是留在你身体的每一部分。为避免形成长期忧郁的形体，就不要时时搓手、握拳、皱眉、披发或用愁苦的声调说话，而要更多保持轻快、高兴、积极的态度，如此一来，快乐和幸运也会眷顾你，你就越来越能以积极的创造性去处理自己遇到的一切问题。

　　当然了，如果你在用细节看别人，别人可能也在用显微镜观察你，如果你气场好，你周围的人、事自然会和你形成同频吸引、良好互动。

互利互动，活跃人脉

价值符号、口碑、关系型人格

斯坦福大学的一份报告显示，一个人的工作成功与否，12.5% 缘于知识，87.5% 则缘于人脉。随着工作时间的累积，很多人感同身受，越发理解人脉在工作里的重要性。

社交软件发展迅速，也渐渐走进了我们的工作，如何运用社交软件进行人脉拓展呢？

1. 塑造自己的"价值符号"

较之如何认识"贵人"，经营人脉的更有效方法是努力让别人愿意认识你。在社交软件如此发达的今天，一定要利用线上产品塑造自己的"价值符号"，即为自己建立一种可以广泛宣传的

"可利用价值"，从而让别人愿意认识你。即使目前你"人微言轻"，也要努力尝试运用各种社交软件和平台，展现自己的价值，如果不注意跟进时代或不坚持表达，那么你的价值符号就是模糊的，很难被人知道，甚至没人了解。

每个人的价值是不可替代的，只要了解自己的长处，并坚持加以锻造，它将成为你自身价值的"活名片"。此外，日常交际里的互相帮助也能成为价值交换的枢纽，而基于互相帮助、支持的情谊是深厚且长久的，因此，塑造个人价值符号的重点在于选择于人、于社会比较实用的一点，并在确定平台上不断输出和完善，久而久之，你就会为自己塑造一个固定的形象，而那份形象，将帮助你得到更好的人脉与资源。

2. 塑造自己在固定圈子里的"口碑"

在一定程度上，发展人脉就是在固定圈子里形成一种有利于自己的"口碑"，从而通过圈子的传播，让自己的价值被越来越多的人认可。社交软件可以帮助我们更容易地加入一些圈子，比如线上社群、微信群等，当然，你必须为圈子成员付出价值，从而获得别人的认可。简而言之，发展人脉最关键的一步是提升自己，实力决定一切，自己变得优秀才能交到高层次的朋友。

3. 养成"关系型"人格

"关系型"人格是一种适合参加人际交往、擅长与人沟通的品质。如果你希望发展不错的人脉，首先要从自己的"心理建设"入手，纠正那些不利于发展人际关系的心理倾向，培养利于人际关系发展的心理素质和思维习惯，主要包括自信、乐观、喜爱群体、乐于助人、善于换位思考等。如果你希望赢得更多人脉，就要踏出自己的舒适区，表现出更多你希望塑造的形象。

一些人很喜欢在社交软件上展现自己，而一些人更喜欢隐藏自己，可是，我们需要区别的是"小我"的需要和"角色"的要求，如果你用"角色扮演"的心态展现自己，行动力可能就会不一样。手段是为目标服务的，关键是要跨过心里的坎儿。

4. 人脉互利、互动

人脉圈的两个根本特质是"互动"和"互利"，一个圈子里的信息、观念、信仰、知识、关系、资源等可以彼此交换。如果每一次交换都能形成一种正向增值，那么人脉圈就能产生价值，而交换的价值越大、频率越高，人脉圈产生的价值也就越大。

社交软件的一个好处是可以提升价值交换的频率，即你几乎能随时随地和你要互动、互利的人沟通，而沟通越频繁，关系就越紧密。此外，经营人脉要论投资收益，一定要懂得付出、投入、策划和运作，要利用好社交软件，让圈子里的成员互动起来，各种资源就会流动、交换、互补，人脉圈就会产生价值。

5. 让人脉和工作一起"转"

一个人的能力提升与人脉发展是互动的，而建立人脉圈的原则，就是要与工作、事业"捆绑"在一起。工作是发展人脉圈最自然、最重要的渠道，因工作而迅速形成的人际关系链一般质量比较高、实用性强且很稳固，如果要利用好社交软件，就要适当展现你在忙什么工作，做出了什么成绩，此外，表现出自己平时和什么人在一起，也会在无形之中助你发展人脉圈子。

塑造自己，建立品牌

●

1% 行动法则 + 塑造专属的 DNA 标签 +2·3·2 发布原则

微信朋友圈是各类社交展示的集大成者，在一定程度上，只要我们用好朋友圈，就可以为自己建立一个良好的形象，甚至以此吸引人脉。

从运用朋友圈塑造个人形象的角度考虑，我们可以将朋友圈分为四个等级（见表 6-1，仅供参考）。

在此基础上，我们可以运用以下方法塑造个人品牌。

1. 互联网的 1% 行动法则

这个法则是指有 100 个人上网，只有 1 个人会创造内容，有 10 个人会与其互动，比如评论或提供改进意见等，而另外 89 个

表 6-1　朋友圈的四个等级

序号	等级	评价标准	展示的内容
1	特级	领袖式展示	有主题地提供价值 多维人生，图文搭配，手段丰富，具有互动性
2	优秀	内外兼修	既展示外在的硬价值，也展示个人素质及内在品质
3	良好	吃喝玩乐	只展示吃喝玩乐，炫耀党，文字使用匮乏、无趣
4	不及格	无实质内容	只转发，从不露脸，没有自己的生活信息

人仅仅是浏览，就是 1% 行动法则。互联网的 1% 行动法则主要是从 YouTube 数据统计分析得出，各类不同的网络数据也在慢慢证明它。

维基百科的 50% 内容是由 0.7% 的用户提供的，而超过 70% 的文章是 1.8% 的用户分享的。也就是说，如果你已经开始利用社交软件写作、分享心得而不仅仅是浏览别人的观点，你就已经成了那珍贵的 1% 的一员，而当你开始跨出第一步的时候，你就是在用行动塑造自己。

2. 塑造专属的 DNA 标签

每一个人的爱好和关注点都与众不同，不管是美食、娱乐、化妆、阅读还是游戏、摄影、旅游等，我们会在自己喜欢的方面花费时间和精力，自然也会产生自己的想法和心得，只要认真总结一下，就会有话可说、有观点可秀，它们就是我们的专属DNA。只要发现了自己的社交DNA，并进行透彻研究，就能迅速建立别人对我们的第一印象，并产生记忆点和关注度。

如果我们仔细观察一些网络大V，就会发现很多知名度较高的人是专注于某个特定领域的。因此，一定要将精力和时间放在你最擅长的地方，确定你的个人品牌DNA，别分心。此外，在众多DNA中，我们会发现，比较容易令人动容并吸引关注度的，是以下三种标签。

（1）阅读观点分享。你读的书就是你的形象延伸，阅读分享会产生侧面烘托形象的效果，通过知性分享，你可以塑造自己期望的形象。

（2）富有趣味的段子配以别致的图片。我们总说："好看的皮囊千篇一律，有趣的灵魂万里挑一。"现代社会里，人们的生活压力太大了，大家渴望生活得更轻松一点，趣味也就成了吸引关注的力量。

（3）制造话题。通常，如果你在社交媒体上发布的信息不是社会事件，又没有发人深省的言论，或许很少会得到关注，与此对应的方法就是制造话题。一个朋友曾做过一个实验，他从自己所处的行业出发，确定了一个话题，又从中衍生出很多小话题，如行业前景、一天之内行业里发生的事件等。朋友坚持每天发表一个话题讨论，同时邀请业内的朋友进行讨论，每天的小话题就会不断被回复与传播，而每个人的观点不同，渐渐形成了百家争鸣的状态，参与的人越多，它所影响的范围就越广。久而久之，朋友就在行业里形成了一定的影响力。

3. 掌握 2·3·2 发布原则

如果你希望自己迅速被熟悉，一天至少要在一个社交平台发布七条内容，一是利于平台认可，二是利于被群体熟知。什么是 2·3·2 原则呢？我们可以从三个不同的发布方向了解。

（1）第一个 "2" 是指两条大众化的内容，比如生活、工作等。你可以随时分享自己的工作经历和成果，生活元素也必不可少。

（2）第二个 "3" 是指三条你要吸引的目标对象所喜好的内容，以此产生共鸣吸引关注。

（3）第三个 "2" 是指两条专业知识内容，以此突出自己在某个领域的专业度，真正高素质、富有理解力的人，会有自己独特的见解，专业分享可以反映你在某个领域的知识深度，是让人产生信任的最佳方式。

───── 延伸 ────────────────────────────────────

人要貌相，如何观"头像"识人？

●

脸型、骨相等"形体"语言

　　人的思维大致分成两部分：一是显意识，二是潜意识。潜意识是潜藏在人们的显意识深处的一股神秘力量，它是人类原本具备而又忘却使用的一种超级潜能力、暗能量。每个人身上潜藏的潜能力、暗能量无比神奇且巨大，数量在显意识的三万倍以上。通常，人们的大部分潜意识处在未使用的睡眠状态，即使是爱因斯坦、爱迪生等世界级的天才人物，一生中也不过运用了自己 7% 的潜意识。如果人们懂得唤醒处在睡眠状态的潜意识，它将带来许多意想不到的惊喜。

　　一个人的容貌、皮肤、骨骼的结构，以及无意识的动作和语言等，大部分是受到潜意识影响的。不管是看面相和骨相识人、看动作细节识人，还是看微博、微信识人，无一不是通过一个人的外部呈现去探索他在潜意识里的样子，进而加强我们的了解和影响。

当你深刻了解了人类的大脑是如何影响我们的容貌、性格甚至发展的，就会越来越明白一些看似不经意间的动作和语言会如何反映一个人的真实想法，那时，你对自己和对别人的影响也就开始了。

如何通过观察人的面相、骨相等细节判断一个人的性格呢？此处需要声明的是，我要说的不是中国的传统相学，而是西方心理学家研究人脑和心理，并经统计学验证所得的一系列相貌识人的方法。

早在20世纪初，西方就有了"九种形体说"的研究，主要是通过观察一个人身上的九个地方所展现出来的不同特征而判断一个人的性格和个性。

（1）人体的颜色。诸如皮肤、头发、眼与胡须等。

（2）人的面貌形状。诸如前额、眼、鼻、嘴、下巴等。

（3）人的体质。一些人重计划、善推理、富有创造力；一些人是行动派，惯用手或身体去实现思想家型的人所制订出来的计划；一些人习惯安排和统筹却不付诸行动。你可以通过观察他们的身体结构而做出判断，比如头的大小、手指的样子、肩膀的样子，以及体质的强弱等。

（4）人的毛发、皮肤与面貌的组织。婴儿的毛发、皮肤柔软细嫩，一些成年人也是如此，还有一些人则毛发粗硬、皮肤粗糙。

（5）人的肌肉松紧与骨骼的韧性。你在和别人握手时，是否遇到过绵软多肉的手，好像用力一握就会从你的指缝间滑出来似的？那人的个性与手指肌肉硬而有力的握手者的个性一定不同。此外，一些人的骨头极柔韧，好似可屈可伸；一些人的骨头则富有弹力；还有一些人的骨头像极硬的石头。骨骼情形不同的人，个性也大不相同。

（6）人的身体各个部分的比例。

（7）人的身材差异。

（8）人的各种动作、表现。比如行走姿势、声音、握手、字迹、态度、外貌、衣装等。

（9）体质的强弱与有无疾病。我们可以从前述的肤色、面貌、结构、体格等八种不同的情形知晓一个人是否有魄力、好动、勤奋等，而体质弱或患痛风、心脏病等病痛对魄力的具备也会产生阻力。

依据以上九个观察人的重点线索，再结合个人研究，我重点解读一下常被我们忽视的三个部分的细节。

1. 如何观察一个人的表达能力是否发达

表达能力是一个人的重要资本，而人体的很多部位具有一个发育原理，就是"愈利用，愈发达"，若不用或营养不足，便会腐坏、消瘦甚至完全失去机能。如果一个人喜欢说话，他的语言神经中枢就会比较发达。

1861 年，法国著名外科医生布罗卡博士发现，人类脑中的某一部分与人的说话机能之间有奇异的连带关系，而它刚好生长在眼珠后靠上一点的位置。如果一个人说话很多并经常运用大脑的语言中枢，血液便会给予此部分更多的流通和滋养，此处就会特别发达，如果它变得发达，就会使眼珠向下、向外凸出。于是，我们得到一个要点，即眼珠凸出的人往往是健谈家，并喜欢利用字句。

此处需要强调的是，不能仅依据眼珠的凸出程度，也不能将眼眉的浓粗当作判断眼珠凸出的依据，应当结合颧骨的位置分析。如果一个人的眼珠与颧骨比较凸出，甚至眼珠较颧骨更为凸出，那个人可能就是一个健谈者。当然，眼珠凸出仅仅可以代表讲话的多少，而不是言辞的质量。如果你看到一个人的眼珠很凸出，而且他说的话也很有智慧，就可以通过多和他聊天或听他讲话赢得好感。

2. 如何观察一个人懒惰还是能干

在研究人脸的不同部分之前，我们要将脸分成三个部分：鼻部分、嘴部分、下颌部分，而最重要的是鼻部分，它代表能力。一方面，鼻子负责呼吸，是肺部健康状况的表现。如果你要看一个人是不是容易患感冒或肺部炎症，只需注意他的鼻子，如果他的鼻子小而窄、扁、没有什么血色，则肺部功能会比较弱，如果呼吸功能弱，人就会缺少活力，也会比较懒惰。另一方面，如果一个人的鼻梁很平，此人可能缺乏创造力、奋斗力和决断能力，也比较容易急躁、发怒。如果你看见一个鼻梁凸出且鼻孔极深的人，你就可以初步判断他比较进取，喜欢奋斗且有活力。

总体上，一个鼻梁很高、笔直且凸出的鼻子代表的是力量，即能干、好斗、好辩的个性，而比较扁平的鼻子则代表消极或缺乏能力的个性。鼻子窄且笔直的人常是艺术欣赏家，喜好美的事物，而鼻尖向下则可能具有抑郁、严肃、悲观的气质，反之，如果一个人的鼻尖向上翘，则有好问、乐观的倾向。

3. 如何观察一个人的性格是不是敏感

关于性格敏感程度的观察，主要是看一个人的身体结构，即骨相和皮相的结合，一般分为两种类型，一是粗相貌，二是细相貌。

形体结构粗糙的人，往往性格也很粗糙，他们鲁莽、爽快、健壮、有力。粗相貌主要表现在六个方面；头发粗硬，毛多；皮肤毛孔较大；大手大脚；嗓音深沉浑厚；形体粗糙壮大。细相貌则表现在八个方面：头发柔细如丝；轮廓刻画柔美；具有希腊式的细直鼻子；皮肤毛孔细；说话音调好听；举止态度温柔，体格柔和；衣装考究；手脚均小，手指柔美而细长。

一般而言，细相貌往往和小、曲线等关联。如果一个人的头发柔美如丝、面目轮廓纤巧、身躯各部分配合匀称，他可能富于理想、艺术化，神经灵敏又易被感染，也会比较喜爱质地精良、优美的事物，厌恶一切粗鲁笨重的东西，时常神经过敏。此类人的个性优点是：爱美、理想化、重品质、富审美力、敏感，而弱点则是：神经过敏、易烦恼、缺乏忍耐力、好浪费。

粗相貌往往和粗犷、直线条关联，此类人的个性优点是：爽直、易打交道、很有魄力；弱点是：缺乏机警心、说话办事较鲁莽，可以承担耐久性的工作，但最好避免纤巧细腻的事，否则容易失去耐心。

需要补充的是，由于不同地域的饮食、风土不同，并不是所有人的肌肤相貌、身体状况都非粗即细，也有很多人是两者兼具又能平衡，他们的性格优劣也会相对平均一些。

复盘笔记

娱乐识人：
5分钟在健身房/球场/
旅途发展高级人脉

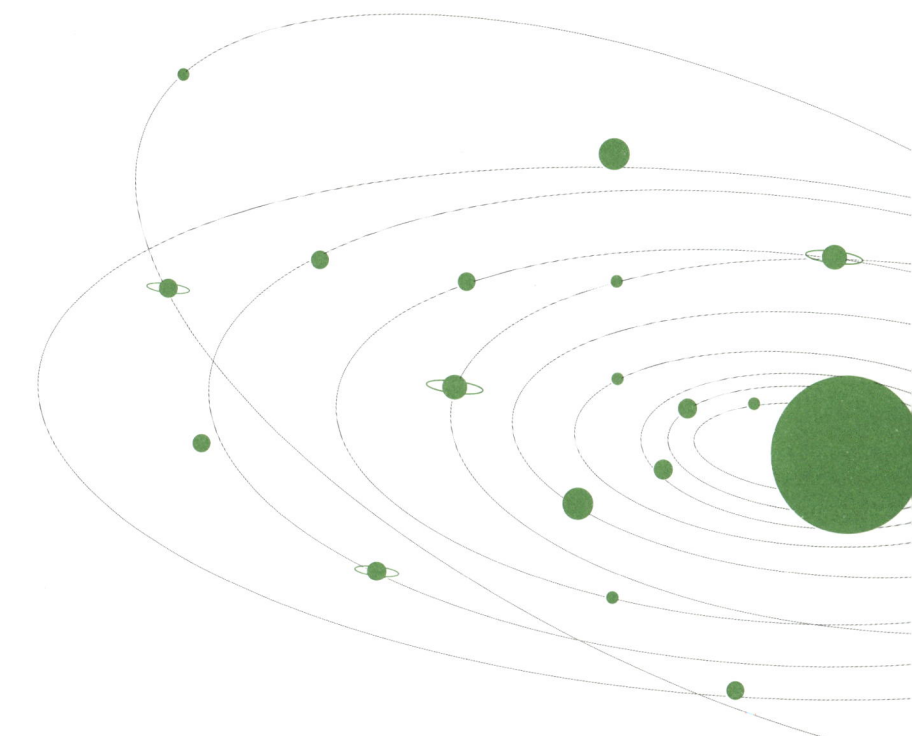

关注黄金品质，识别高级人脉

———●———

言谈举止、个人爱好、超兴趣执行力

　　当今社会里，职场并不局限于办公室，除了工作聚餐外，很多人也会选择在球场等休闲场合建立、巩固关系，而在健身房、旅途等场合结交人脉也逐渐成为职场达人的选择。

　　如何在各种休闲场所识别贵人、拓展人脉，并更好地经营长久的关系呢？

　　我们不得不承认，人与人之间是存在差异的，在生活方式上也各有选择。不过，在结识朋友和维系人脉资源的时候，大家总会怀着一点期待或私心，即如果认识了他，自己会不会变得更好。或许你希望他在事业上给予你帮助，或许你期待他为你解除心灵困惑。总之，即使是最无私的人，人性深处的部分也有类似的"期待"。

最重要的不是你在什么场合扫到了谁的微信，又与谁交换了名片，甚至一起合了影，而是你能不能发现并结交那个可以帮你发展得更好的人。那么，如何发现一个人具有不错的品质，并能给予你帮助呢？

首先，最应该关注的是成功者的黄金品质——内在激励。

每逢招聘季，很多公司的HR（人力资源）就会涌向名牌大学，挑选人才，而那些专业成绩最好、文体能力又突出、在社团活动里闪闪发光的学生就是大公司最渴求的，HR总是形象地称他们为"黄金螺丝钉"，"黄金"形容稀缺，螺丝钉形容"适应性"、执行力强，专业能力又好的学生就像螺丝钉一样，哪里需要就可以拧在哪里。

"黄金螺丝钉"式的学生身上具有一种超越个人兴趣的执行力。比如面对一门课程，无论他们喜不喜欢，成绩总能名列前茅。如果投身于工作，不论什么任务，只要交给他们，总能出色地完成。超兴趣的执行力，就是大公司看重的"黄金品质"。心理学家发现，此种品质的核心是个人的心理动力，又叫内在激励。

　　我为什么要做某件事？一般会有两个答案：一是"没办法"，可能是由于生活所迫，可能是别人要我做，我不得不做，此答案所对应的心理动力叫外在激励；二是"我乐意"，即我想做好某事，并以此提高自己的能力，它所对应的心理动力就是内在激励，即对自我行为的内在心理奖励。

　　我国的钱伟长先生被尊称为"万能科学家"，国家需要哪个领域的科学家，他就转行进入哪个领域，而且，很快就能成为领衔专家。钱伟长先生的执行力是跨领域、超兴趣的，当国外同行问及他的专业时，钱伟长笑着回答："祖国的需要就是我的专业"。

　　钱伟长 80 岁生日的时候，他回忆说："我 18 岁学历史，28 岁学数学，36 岁学力学，44 岁学俄语，58 岁学电池知识。不要以为年纪大了不能学东西，我是在 64 岁以后学计算机的，现在也搞计算机了。"作为顶级科学家，钱伟长从不认为自己是天才，他不相信天才，一直认为天才来自刻苦。

　　另一位具有超兴趣执行力的著名人士是曾任美国国防部长的罗伯特·麦克纳马拉，他曾是哈佛商学院的教授、福特汽车公司的总裁、美国国防部的部长、世界银行的行长，工作领域横跨学术、商业、政治、军事，而且在所涉足的领域里是不可否认的佼佼者。

　　一次，麦克纳马拉去拜访一位很有影响力的议员，那位议员观点偏激，很不礼貌，说话也很难听。麦克纳马拉很生气，可还是强忍怒火听完，礼貌告辞。两周后，他再次拜访那位议员，并提醒自己不要生气，最终确实没有生气，他战胜了以前的自己。

　　一个具有"内在激励"精神的人适应能力会很强，无论遇到什么事，他都可以迅速整理情绪，寻找对策，并不断严格要求和训练自己，从而走向成功。**通过追踪研究"黄金品质"，心理学家发现，"内在激励"由三个步骤组成，分别是目标设定、步骤分解、刻意训练。**

　　第一，目标设定。明确自己的目标是内在激励的基础，也是一种非常重要的能力，如果一个人经常感到迷茫，就不太可能产生更多的内在激励。如果你对某事很感兴趣，却没有明确一个目标，也很难坚持下去。

　　第二，步骤分解。开始做一件事到实现目标的过程由无数个小步骤和计划构成，是无法一蹴而就的，而一些人目标清晰却经常停留在语言层面，主要原因就是步骤分解的能力不强。如果要判断一个人的能力，不能只听他说自己对某事多么感兴趣，还要了解他想怎么做，以及具体的细节。

第三，刻意训练。明确步骤之后，最重要的就是了解自己距离目标的差距，以及自己的强项和弱点，并尝试通过一些方式训练自己以确保完成目标。如果你想真正认识一个人，就要了解他平常会对自己进行什么训练，以此确认他是不是一个清醒自知的人。

我的一个朋友担任一家公司的副总裁，发现自己最重要的工作是代表公司和一些资源、渠道沟通合作事宜。可是，他是做技术出身，谦逊内向，不喜欢和人打交道。为了获得更多的目标渠道，他就特意在日程中留出时间，每周拜访两家大机构，而且会将自己和大机构的资源打交道当成一门必修课去学习。

我们可以发现，富有成就的人一般是用一小步、一小步的行为评价自己的，最终的结果并不是评价依据。目标对了、步骤对了、行为对了，结果自然就会比较好。

在健身房、球场，或旅途中，如何识别那个具有"黄金品质"的人呢？首先，可以通过询问成就感和目标判断他的内心清晰度；其次，可以通过观察他在运动、健身或旅行活动中的言行或从聊天中判断他进行步骤分解和实施的能力；最后，可以通过和他共同探讨性格的优势与劣势或自身的弱点来观察他是不是清醒自知、有没有持续学习和刻意训练的意愿。

场所识人，最重要的还是"观心"。如果一个人的心理品质比较好，那外在的形态、言行举止、待人接物就不会太离谱。正如伟大的心学大师王阳明所说，"此心不动，随机而动。此心妄动，随性而动"。

言行同频，一见如故

●

月亮星座分析

我们知道，人的思维活动会产生某种特定的频率，而吸引一个人最好的方法就是"同频吸引"。如果你希望结识具有"黄金品质"的人，自己就要先成为那样的人，或者至少要表现得像一个具有"黄金品质"的人。比如你能展现清晰的目标感，你很有计划性和执行力，或者你表现得很愿意学习和成长，就会吸引一些同频率的人。反之，如果你在社交场合中展现出迷茫、软弱、缺乏判断力，不排除你会吸引部分愿意保护你、帮助你的人的可能，但是，从一开始，你和他的关系就可能产生强势和弱势的差别，关系的基础并不牢靠。

当你改变自我认同时，你也许会失去一些象征从前的物品，但也会得到一些关乎未来的人和事。总之，你才是吸引"贵人"的重要因素，而学习以下三个方法能更好、更快地"召唤"到那个人。

第一，多找相似点。 健身、旅途时之所以更容易交朋友，源于大家比较放松，更容易展现出最本真、纯粹的一面。当你们彼此真诚以待的时候，彼此间的共同点越多，理解事物的思维、处理问题的方式或喜欢的东西越类似，就越容易彼此吸引，也就越容易视彼此为自己人。

第二，聚焦。 如果你很想吸引一个人，思维聚焦会导致个人能量的启动，只要聚焦在自己渴望的事物上，你会感觉到更多的正面情绪，如果聚焦在自己并不喜欢的人和事上，就会更容易感觉到负面情绪。

第三，始终关注"黄金品质"。 人是很复杂的，一些人喜欢比自己强大的，一些人喜欢照顾弱小的，但是，在所有性格的表象以外，你一定要记得去分辨一个人是不是具有"内在激励"的黄金品质。如果和一个缺少"内在激励"能力的人结交，不管是做朋友还是合作，你会感到很辛苦。

除了"同频吸引"之外，如何更个性化地吸引人心，甚至营造一种一见如故的气氛呢？从心理星图所展现的潜意识层面分析，月亮星座是星图里很重要的部分。所谓的月亮星座，就是代表了一个人最本质的、与生俱来的秉性的星座，是一个人刻意埋藏在心底的"灵魂"，它代表潜意识，也代表一个人的心，如果你了解了"贵人"的月亮星座，就会知道如何通过言行吸引别人的注意和喜欢。

如果一个人的月亮在火象星座，即安静的月亮处于火元素的地带，他可能会表现出强烈的情绪化和急于行动的倾向。

月白羊：比较容易发怒，爱憎分明，行事非常利落，如果你能迅速展开行动、解决问题或直言直语，就会更容易得到他们的注意和喜欢。

月狮子：很容易诠释傲娇情绪，略自负，渴望得到关注和赞美，只要你多多表现出崇拜和重视，他就会感到很享受。

月射手：月亮处于射手座的人，脾气较柔和一些，但是，由于容易觉得很多事情可以学习，常会忽视踏实行动、积累，导致自己压力过大，或让别人觉得不可靠。遇到类似的人，你只要做到不纠结，给他自由，他就能主动激励自己。

如果一个人的月亮在风象星座，就位于一个月亮的热度被风吹冷的位置。

月双子：他是一个喜欢你和他讲故事、逗趣聊天的人，如果你在最初交往时表现得轻松有趣，让他觉得你很新鲜，就会很容易获得好感。

月天秤：他是一个喜欢平静陪伴的人，也是容易被你的优雅打动的人，你需要展现出柔和理性、耐心亲和的感觉，就能吸引他。

月水瓶：他是一个喜欢谈天说地的人，你越是特别，越是知识渊博，就越能得到他的倾心。你需要展现出自己的独特想法，不拘谨、不小气、求知欲很旺盛，才能吸引他的喜欢。

如果一个人的月亮在土象星座，就是一个冷位置。

月摩羯：月亮处于比较务实、稳定的位置，尽管不太温暖，但足够安静。月摩羯的人喜欢安静，不太炫耀，大多是具有专业权威或事业有成的人，你需要展现出权威、专业或礼节，就会比较容易赢得他的喜欢。

月金牛：月亮处在一个比较舒服的位置，非常稳定，唯一的问题是略自私，所谓自私就是一切属于自己的部分他都要占有。你要保持美丽或帅气，经常通过美食、美酒调节气氛，沟通的气氛就不会太容易出错。

月处女：这是一个不太舒服的位置，过于挑剔，会让自己的内心很压抑、很累。面对不熟悉的人，他们往往持审视态度，一般喜欢说话逻辑严谨、思维清晰的人。

如果一个人的月亮在水象星座，就可以展现出月亮的温柔。

月巨蟹：一般很温柔，内心细腻敏感。心理上，容易将自己缩起来，演出一场"你伤害了我，还一笑而过"的内心戏。同时，他喜欢温暖如家人的感觉，细心照顾他的小动作很容易博得好感。

月天蝎：具有强烈的不安全感，不能容忍欺骗，总是怀疑他人是否真诚。他们会很欣赏自己看中的人，也会给予很多热情；而面对自己不感兴趣的人往往冷若冰霜，除非你让他看到真心，否则很难真正靠近他。

月双鱼：很需要爱，常因为怕被拒绝而过度幻想，喜欢温柔和诗情画意的相处，你最好不要太粗鲁或太轻浮，可以和他谈谈茶、艺术、佛意等比较静的事物，以此让他对你产生安全感。

人的内心很难被真正触摸到，也很容易被掩藏，如果你能通过心理星图在第一时间得到一个人的月亮星座，就可以更理解他，也能更好地制造交流话题，促进关系的建立。

回归自我，巩固偶发性人脉

●

人格意境、信息互惠、钝感力

只要我们不断完善自己，很可能会在旅途、球场等场合结识一些人脉，此时最重要的就是"如何尽快巩固、利用人脉"。

我们要走出一个误区，即过分依赖人际关系。很多人认为只要结识了关键人物就可以实现自己的目标，却忽略了一个问题，如果你功利地进入一个圈子，发展所谓的人脉，别人凭什么就认可你、承认你呢？

邓巴数字是很多人力资源管理及社会网络服务的基础，即一个人的社交人数上限为一百五十人，精确交往、深入交往人数约为二十个。借此，我们会做一个假设：当你认为你是自己的目标对象深入交往的二十个人之一，但于目标对象而言，你被排在他的基本社交的一百五十人之外时，怎么办呢？此时，我们需要思考两个问题，即"为什么你没有进入他的二十个深入交往的人选"和"如何成为那二十个人之一"，个人的核心观点是"结人缘，不结人脉"。

如何更好地结人缘呢？很多时候，当我们形容一个人很有人缘的时候，往往是在说那个人周身散发出一种愿意被亲近的力量，因此，结人缘的基础是让别人对你产生发自内心的好感、认同和亲近欲。

当一个人在心里和另外一个人产生了深层次的联结时，关系会更稳固而持久，而巩固人脉最需要的，就是联结关系。如果双方没有深刻互动，就意味着你并没有成功结识另一个人，而你认识一个意见领袖也不意味着你得到了认可。

不管你积累了多少"人脉"，每当执行一件事情时，你会发现，自己的能力、理念、经验往往是最重要的。不管你用了多少时间争取和管理自己的人脉，只要自己不够优秀，实现目标的瓶颈一定是自己。

从"结人脉"到"结人缘"，最重要的依然是回归自我。那么，如何才能更好地完善自我，以结识好人缘、令人产生亲近欲并愿意长久联系和交往呢？我总结了一个模型——**偶发性人脉巩固的黄金三角，三角顶端是人格意境，两边分别是信息互惠和钝感力。**通过它的指导，或许你会对如何结识好人缘产生更深入的思考。

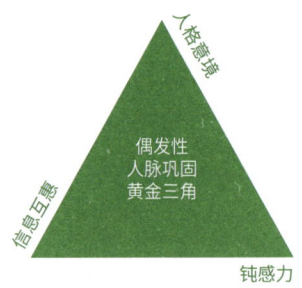

1. 人格意境

我的一位心理学导师在一篇文章里以龚自珍的诗引出了人格意境的说法，给了我很深的感触。

"九州生气恃风雷，万马齐喑究可哀。我劝天公重抖擞，不拘一格降人才"，诗人几乎是用二十八个字写了一部纵横万里、上下千年的电影，背景深厚，既有真诚的情怀，也有细致的刻画。

龚自珍的细致刻画主要表现在"我劝天公"的"劝"字，

一个"劝"字就展示了诗人和天公促膝谈心的画面，而诗人的情怀则表现在"我劝天公"的"我"字，一个"我"字就展示了诗人的人格。诗中的"我"并不是现实里的龚自珍，而是脱离了社会背景的纯粹自我，没有君臣父子、兄弟夫妇之间的映照，只是一个纯粹的人。纯粹的人不分高低贵贱，不管是诗人还是天公，他们是平等的，而人人平等的纯粹的人，就是人格。"我劝天公"的"我"，就是龚自珍心灵深处的自我人格。

龚自珍通过"我劝天公"显现了自己的人格，此类想象可称作"人格意境"，意为"显现人格的人际想象"，一是"人格"，即你区别于别人的独特而稳定的思考和行为风格，是属于你的实实在在的真我；二是"意境"，属于艺术辩证法的范畴，"意"是情与理的统一，"境"是"形与神"的同一，在一定程度上，也反映了从想象力出发的审美深度。

受此启发，个人认为人格意境包括两个含义：一是人格的独立，即你看人的视角是平视的，而平视是独立人格的人际视角；二是审美深度，即你以何种方式应对索然无味的生活。

一份关系从偶然发展到深刻，至关重要的一环就是人格意境的匹配，反映在外在层面，可能是你们对一首歌的感知、一餐饭的评价、一杯酒的品鉴或一幅字画的解读；而于心灵层面，是你们是不是可以处于彼此平视的位置，或无论你看到了业界菜鸟还是专业权威，你能否以一种平等又全面的视角看他。任何一个人的生活里，不管是哪一层面，总会存在自己的优势和劣势，我们也没有必要因权威而产生紧张感或界限感，只要以轻松自在的言谈举止处世，就能突破社会身份的简单互动，迎来发自内心的真实自我的互动，而"真实"的重量足以将偶然关系推至深刻。

2. 信息互惠

量子物理学的一个很有趣的定义是"关系 = 信息"。判断你和一个人的关系好坏，无非你知道他多少信息，以及他的多少最新动态是和你同步的。如果你掌握的信息越来越多，说明你们的关系越来越好。

如果要更深刻地解读"关系 = 信息"背后的心理学原理，我认为是人和人之间的互惠影响力。当今时代不愁吃穿，你和别人的区别可能就在于谁更快地掌握了信息，从而产生信息交互和精神互惠的可能，也促进了发展深刻关系的可能。

心理学中，还有一个现象是：当别人给了我们某些好处之后，我们会发自本能地用类似方式回报对方，即互惠原则。实际生活中，绝大多数人在得到别人恩惠却无法回报时会产生一种亏欠感，会尽量以回报让自己的内心得到平衡。更奇妙的是，互惠的影响力可以凌驾于喜好的力量之上，就算我们接受了不喜欢或不熟悉的人的好处，也会产生回报的想法，因为在正常人的潜意识里，给予是一种责任，接受和偿还也是一种责任。

当你想巩固和发展一段偶发性的关系，不妨运用信息互惠的原则，向对方提供一些于他而言很有价值的信息。比如你遇到了一个颇有身份的男人，"如何确保身份和财产的安全""如何让孩子享受更好的教育"或"如何能够更有预见性和掌控力"，以及比较高级雅致的爱好，如果你能和他交换这些信息，你们之间就容易在信息流层面形成一种互惠关系，从而逐步加强你在他眼中的价值记忆点，触发他的大脑机制，让他在处理一些和你相关的信息时会不经意地记起你，而你们的关系也会在互相偿还中得到发展。

"爱别人就是爱自己"也是人际关系的"核心秘密"——你付出别人所需要的，他们会给予你所需要的。

"给予就会被给予，剥夺就会被剥夺。信任就会被信任，怀疑就会被怀疑。爱就会被爱，恨就会被恨"，既是心理学的互惠关系定律，更是"向上之路"的"路标"。

3. 钝感力

很多时候，我们要面对纷繁复杂的生活，需要一颗"坚强的心脏"，而敏感往往会影响我们的思想，成为阻碍。在一定程度上，迟钝的力量会令人更容易面对生活的挫折和伤痛，坚定地朝着自己的方向前进。

如果我们具有一定的钝感力，就不会过于"玻璃心"。比如你处于弱势，很多关系建立之初，就可能会吃闭门羹，如果你的神经能"迟钝"一些，就不会因为一次失败而怀疑自己、否定自己，将时间花在无谓的焦虑之中。如果一个人过于敏感，过于在乎别人的看法，就会长期处于精神内耗状态，精神负担过重，个人气场和能量自然就会更弱，别人也会觉得和你互动很辛苦、很累，你自然也不会吸引到长久的关系。

个人建议，如果你要巩固偶发性的关系，就得稍微"厚脸皮"一些，"迟钝"一些，透过现象看关系本质，理智摒弃不利因素并向好的方面发展，你的豁达和从容一定会为你赢得长期关系。

延伸

如何将领导和客户发展为"生活朋友"？

●

信任感、个人价值

如果你希望将领导或客户发展为自己的"生活朋友"，个人建议重点关注两个方面，一是尝试建立信任感，二是不断累积个人价值。

1. 建立信任感的三个原则

（1）**乖巧原则**。归根结底，人们还是会更喜欢喜欢自己的人，领导也不例外。如果要进入领导的视线和亲近范围，得到关注、考察、重用，先决条件就是要取得领导的喜欢；同时，也要适时表达出对领导的耿耿忠心和赴汤蹈火的勇气。但是，需要注意的是，展现喜欢并不是天天赞美或谄媚，你可以崇拜而不可迷信。

一般而言，领导不喜欢五类行为：整天和自己抬杠、理论；看似绝对听从，却常在背后说闲话；抱怨领导及单位，喜欢发牢骚；说话随心所欲，做事自以为是；缺乏应有忠诚度。

（2）**吃亏原则**。不要太计较个人利益得失。在领导面前不要表现得斤斤计较，尤其是当你和领导之间产生利益关系的时候。比如共同出差的差旅费，看望领导的朋友买礼品的钱，千万不要算得过于分明，体恤下属的领导是会记得并主动给你的。工作环境里，适当的糊涂可能会产生一些好处，当然，也不能太大方或表现得过于糊涂，否则会让领导怀疑你的能力。

（3）**同好原则**。学会组织领导喜欢的业余活动。如果你希望成为领导器重的部下，最好深入了解领导的业余爱好，并在闲暇时间适当组织一些领导擅长的业余活动，以此引起领导的注意。当然，不是单位的集体活动，因为小范围的活动便于你和领导直接沟通，也能促进你和领导更好地交流思想；而且，放松一点的场合很容易让你渐渐成为领导的知己而被委以重任。

同好原则遵循了"同频吸引"，你和领导的业余喜好越相近，就越容易得到领导的信任。

2. 累积个人价值的两个原则

（1）**维护原则**。一方面，领导的权威是职位所赋予的；另一方面，领导要在工作环境中树立权威。如果缺乏几个随时随地、全心全意维护领导权威、配合领导的部下，要树立权威还是比较困难的，因此，那些能够及时维护领导权威，能在领导不方便说话的时候设法为领导塑造形象的下属，就更容易获得升职的机会。

（2）成全原则。 不管领导如何信任你，作为下属，最重要的还是要成为领导的刚需。只要具有真才实学，无论在哪个地方、哪个单位，无论谁当领导，总会得到肯定。因此，学会以自己的能力成全领导的期望，也是成全自己的期望。

客户和领导的最大区别是，客户的信任感累积在你不间断为他服务的基础上，你做得越多，在客户面前曝光就越频繁，你创造的意外感动越多，就越能得到他的信任。

（1）人情做透原则：偿还心理。 古语云："往而不来，非礼也；来而不往，亦非礼也。"礼尚往来的效用可以保障两人来往的交互性和利益平衡，需要注意的是，此平衡不只是钱财的平衡，也包括人情的平衡。两个人之间的关系是社会交际最基本的单位，也是一切社会关系的起点，通常，交互的义务或互动就可以实现两人之间权利、义务的平衡。

我们和客户的关系也是如此，送礼并不是关键，最重要的是送"情"，要送让客户觉得既喜欢又觉得受了恩惠要偿还的

"情"，来去之间，也就产生了联系。

由于每个人的心里所认为的人情承载的利益和情义分量不同，很多人就难以把握"等价偿还"的分寸，为了不让对方失望而失去人情，最稳妥的方式就是超量给予和偿还，即你要给客户超出期待的照顾、服务和价值。当然了，你的付出也不一定要局限于工作范围，也可以尝试解决更多的生活问题，等等。只要你能将人情做透，就能更好、更快地赢得客户的心，并与之建立私交。

（2）小额高频原则：邻近原则，即接触越多，好感越多。心理学里的一个实验是：给一些女士们看一些男士的照片，并让她们说出对男士的好感度，结果发现，多数人会对看的次数更多的男士产生好感，也有个别人正好相反。该实验对应的心理效应叫作邻近效应，即要让一个人喜欢你，一定要多和他接触，一般情况下，接触越多，越容易产生好感。

人们常会困惑，是要送客户一份大礼呢还是不断创造小惊喜。个人认为，正确答案是后者，即遵循小额高频原则，既能增加你在客户面前的曝光次数，又不会让客户产生负担。很多时候，多次创造小惊喜就是开始私交的重要尝试。

复盘笔记